W0392743

Plätzchen

© Naumann & Göbel Verlagsgesellschaft mbH, Köln
Alle Rechte vorbehalten
Rezepte: Sylvia Winnewisser
Coverfotos: StockFood (groß) und Fotolia (oben)
Fotos: TLC Fotostudio
Gesamtherstellung: Naumann & Göbel Verlagsgesellschaft mbH, Köln
ISBN 978-3-625-12410-8
www.naumann-goebel.de

Plätzchen

NGV

inhalt

Einleitung

Plätzchen

Zu den vielen schönen Dingen, die man in der Adventszeit machen kann, gehört Plätzchenbacken auf jeden Fall dazu. Denn mit den kleinen, feinen Leckereien hat man nicht nur Süßes für sich und seine Lieben, sondern gleichzeitig auch hübsche, kleine Geschenke parat, die Groß und Klein erfreuen. Wie praktisch, dass die kleinen Köstlichkeiten immer blechweise daherkommen und sich auch gut aufbewahren lassen. Wissenswerte Infos zum Backen und Aufbewahren bekommen Sie nun auf den folgenden Seiten.

Plätzchen sind Allroundtalente. Klein und süß, mal knusprig, mal saftig, mal vanillezart und mal mit der ganzen Fülle exotischer Gewürze, umschmeicheln sie Gaumen und Sinne. Das Geheimnis ihres Erfolges ist ihre wohldosierte Größe. Klein, aber fein gesellen sie sich zum schnellen Espresso an der Cafébar, begleiten die klassische Teestunde und liefern mit kecker Souveränität das I-Tüpfelchen zum Kaffee nach einem opulenten Mahl. Plätzchen sind so klein, dass sie keiner Mahlzeit ernsthaft in die Quere kommen, aber groß genug, um nachhaltig in süßester Erinnerung zu bleiben. Ein Plätzchen geht immer, morgens als Muntermacher zum Frühstück, abends als Betthupferl vor dem Schlafengehen und häppchenweise zwischendurch immer dann, wenn eine Belohnung oder ein Trostpflaster, eine Verschnaufpause oder eine kleine Motivationshilfe angesagt sind. Angesichts solch unwiderstehlichen Charmes wundert es nicht, dass der kulinarische Erfolg der Plätzchen, der immerhin im antiken Griechenland begann, bis heute anhält.

Die ersten süßen Kreationen, die vor 2.500 Jahren die Backstuben der alten Griechen verließen, waren Honigkuchen. Honig galt zu dieser Zeit als einziges Süßungsmittel, Rohr- und Rübenzucker waren noch unbekannt. Auch die Römer wussten „panus mellitus“, ein mit Honig überbackenes Küchlein, zu schätzen, ebenso

Karl der Große und seine mittelalterlichen Zeitgenossen. Jahrhundertelang waren die kleinen Honigkuchen, die auch Leb-, Gewürz- oder Pfefferkuchen hießen, auf dem europäischen Plätzchenmarkt ohne Konkurrenz.

Auch bei den berühmten „Nervenkeksen" der hl. Hildegard von Bingen handelte es sich um eine Art Gewürzplätzchen, wobei die Rezeptur der heilkundigen Äbtissin neben Dinkelmehl vor allem Muskatnuss und Zimt in hoher Dosierung vorsah. Allein die angestrebte medizinisch-therapeutische Wirkung des Gebäcks („Iss sie oft, und alle Bitternis deines Herzens und deiner Gedanken weiten sich, dein Denken wird froh, deine Sinne werden rein ...") rechtfertigte in diesem Fall den für die damalige Zeit geradezu verschwenderischen Umgang mit Gewürzen. Denn die exotischen Gewürze, die zumeist über die Seidenstraße von Indien oder China aus nach Europa gelangten, waren bis weit in die frühe Neuzeit überaus kostbar und wurden in der Regel in reinstem Gold aufgewogen.

Wegen ihrer vielfältigen Heilkräfte wurden Gewürze zunächst überwiegend in Apotheken verwendet. Mit ihnen zu kochen oder zu backen, war Luxus pur. Honigkuchen und Gewürzplätzchen galten als kulinarische Kostbarkeiten, wie sie nur auf fürstlichen Tafeln zu finden waren. Das änderte sich erst, als im 19. Jahrhundert aufgrund veränderter Handelsbedingungen Gewürze und vor allem Zucker als vergleichsweise preiswerte Massenware für breite Bevölkerungsschichten erschwinglich wurden. Mit dem Zucker – als Alternative zum Honig – ergaben sich ganz neue Möglichkeiten in der Küche. Und die praktische Kreativität so mancher bürgerlichen Hausfrau sorgte binnen Kurzem dafür, dass diese sich auch in köstlichen Plätzchen-, Keks- und Gebäckrezepten entfalten konnten.

Von Omas Favoriten und trendigen Alternativen

Viele Klassiker, die sich bis heute steter Beliebtheit erfreuen, haben ihren Ursprung in dieser Zeit. Mündlich von einer Generation in die nächste überliefert oder handschriftlich in Großmutters Zettelkasten aufgezeichnet, haben die alten Rezepte die Zeiten überdauert. Anders als noch vor ein paar Generationen allerdings, als Vanillekipferl, Zimtsterne und Mürbchen allein der Advents- und Weihnachtszeit vorbehalten waren und als festlich-süße Überraschung den Gabentisch der Kinder zierten, haben sie sich heute längst zu saisonunabhängigem Ganzjahresgebäck gemausert. Dafür müssen sie sich gegen eine immer größer werdende Konkurrenz behaupten: Neueren Schätzungen zufolge dürften landauf landab inzwischen rund 20.000 verschiedene Plätzchenrezepte kursieren. Darunter finden sich durchaus kühne Trend-Kreationen, die unsere Urgroßmütter nachhaltig irritiert hätten, weil ihnen Zutaten wie Cornflakes, Smarties, After-Eight oder Cappuccino noch völlig unbekannt waren. Im Allgemeinen allerdings setzt die Plätzchenbäckerei auf Bewährtes: Ihre Grundlagen sind heute keine wesentlich anderen als vor 150 Jahren – Butter und Mehl, Nüsse und Mandeln, Mohn und Sesam, kandierte und frische Früchte, Aromen und Gewürze.

Klassische Zutaten – Vanille, Kakao, Marzipan

Eine Sonderstellung unter den Plätzchenzutaten nehmen Vanille, Kakao und Marzipan ein. Vanille, die „Königin der Gewürze", ein Produkt der „Neuen Welt", eroberte erst spät die europäische Küche. Es dauerte lange, bis Botaniker in Europa dem Geheimnis der wunderbar duftenden Schoten, die aus den Blüten einer Orchidee gewonnen werden, auf die Spur kamen. Dann jedoch war der Siegeszug der eher unscheinbaren schwarzen Stangen nicht mehr aufzuhalten. Schon in kleinsten Dosierungen verleihen Mark und Samen der Schoten jedem Gericht oder Gebäck einen unverwechselbar raffinierten Geschmack. Auf dieses spezielle Aroma mag nahezu kein Plätzchenrezept verzichten.

Eine ähnlich wichtige Rolle spielen Kakao bzw. Schokolade. Wie die Vanille gelangte Kakao über die spanischen Eroberer aus der Neuen Welt nach Europa. Als – stark gesüßte – Trinkschokolade schmeichelte er sich in Magen und Herzen der adligen Damenwelt. Essschokolade kam erstmals im 19. Jahrhundert auf den Markt. Beim Backen wird heute Kakaopulver verwendet, das dem Teig seine unverwechselbar satte, dunkle Färbung verleiht. Darüber hinaus werden unterschiedlichste Sorten und Konsistenzen von Schokolade verarbeitet: weiße und dunkle, Vollmilch und Zartbitter, mal geschmolzen, mal geraspelt, mal gehackt.

Auch Marzipan ist aus der Plätzchenbäckerei nicht wegzudenken. Die Grundkomposition ist simpel – im Wesentlichen sind es gemahlene Mandeln, Zucker und Rosenwasser, die dem Marzipan seinen unverwechselbaren Geschmack verleihen. Der vermutlich orientalische Ursprung des Konfekts, der abenteuerliche Siegeszug über Venedig bis an die Ostsee und nicht zuletzt die dem Marzipan lange zugeschriebenen heilenden und auch aphrodisierenden Kräfte umwehen die süße Köstlichkeit mit einem Hauch des Geheimnisvollen. Nachdem jahrhundertelang die Apotheker Marzipan als Medizin genutzt hatten, entdeckten im 17. Jahrhundert die Konditoren die süße Spezialität, die sich als Zutat für Gebäck ebenso gut eignet wie für einen Solo-Auftritt.

Am besten selbst gebacken

Tätigkeiten im Haushalt lassen sich einteilen in solche, die eher Pflicht- und solche, die eher Kür-Charakter haben. Plätzchenbacken gehört eindeutig in die Kategorie „Kür". Sich in die Küche zu stellen und ein paar Stunden lang aus leckeren Zutaten köstliche Kekse zu zaubern, hat etwas wohltuend Entspannendes, streichelt die Seele und sorgt für Gute-Laune-Wohlfühl-Stimmung.

In den letzten Jahren erfreut Plätzchenbacken sich wieder wachsender Beliebtheit, nachdem es eine Zeit lang leicht ins Hintertreffen geraten war und der Süßwarenmarkt immer mehr industriell gefertigte Produkte bereithielt. Inzwischen wird Selbstgebackenes aber wieder immer beliebter und Plätzchenbäcker sind sich einig, dass der Lustgewinn dabei eindeutig höher ist als der Arbeitsaufwand.

Die neue Leidenschaft für die Küche und fürs Kochen, wie sie gerade viele junge Frauen und Männer kultivieren, hat auch der Kultur des Plätzchenbackens zu beachtlichem Aufschwung verholfen. Allein, zu zweit oder mit Freunden einen Nachmittag in der Küche zu verbringen und süße, kleine Köstlichkeiten zu backen, ist eine beliebte Freizeitbeschäftigung. Und darüber hinaus kann es schöne Erinnerungen an die Zeiten wecken, in denen man als Kind bei Mutter oder Großmutter in der warmen und herrlich duftenden Küche sitzen, Plätzchen ausstechen, mit Zuckerguss und Perlen dekorieren oder Teigreste aus der Schüssel löffeln durfte.

Ermutigend für alle Backanfänger ist, dass gerade zum Plätzchenbacken nicht unbedingt jahrelange Übung und Meisterschaft gehören. Zumindest in den einfacheren Rezept-Ligen ist der Aufwand überschaubar, sind Erfolge selbst für Ungeübte machbar und realistisch. Welches Vergnügen, sich den ersten selbst gefertigten Keks auf der Zunge zergehen zu lassen! Und welche Belohnung, in den Augen seines Gegenübers Bewunderung und Respekt zu erkennen, wenn man ihn mit einer Portion Gebäck beschenkt und nach der ersten Kostprobe verraten kann, selbst der Urheber dieser kleinen, süßen Überraschungen zu sein.

Die kleinen Multitalente machen sich in Omas hübscher Vorratsdose ebenso gut wie auf der Servierschale für nachmittägliche Gäste oder in der Präsentschachtel, die man für liebe Freunde füllt. Ob man Kekse backt, um sie anschließend selbst zu naschen oder sie anderen zum Naschen zu überlassen, ob man sich selbst damit besänftigen oder die betrübte Nachbarin aufmuntern, Kinder belohnen oder den Liebsten verwöhnen will: Plätzchen passen immer.

Auf die richtige Ausstattung kommt es an

Leckere Plätzchen zu backen ist keine Kunst, wenn man sich an die drei wichtigsten Grundregeln hält:

Regel Nummer 1: Weil Plätzchen nicht nur gut schmecken, sondern auch hübsch aussehen sollen, erfordert ihre Herstellung eine gewisse Fingerfertigkeit. Übung macht dabei den Meister und die Meisterin.

Regel Nummer 2: Je besser die Zutaten, desto besser die Plätzchen. Es lohnt sich, auf die Frische von Butter, Eiern, Nüssen oder Früchten zu achten. Gleiches gilt für die Gewürze. Qualität hat meist ihren (etwas höheren) Preis, aber der zahlt sich in der Regel aus.

Regel Nummer 3: Plätzchenbacken braucht ein spezielles Equipment. Wenn man gerne und regelmäßig backt, ist es sinnvoll, in die folgende Ausstattung zu investieren:

Messgeräte: Sie sind das A und O des Backerfolgs. Je präziser und sorgfältiger die einzelnen Zutaten abgewogen und -gemessen werden, desto geringer das Risiko, dass ein Teig misslingt. Je nach Art der Zutaten verwendet man eine (digitale) Küchenwaage, große und kleine Messbecher mit detaillierter Einteilung für alle Flüssigkeiten oder auch Messlöffel für die Dosierung kleiner Mengen. Solche Messlöffel sind in vielen verschiedenen Größen erhältlich. Zumeist ist das Volumen auf dem Löffelstiel angegeben.

Rührschüsseln: Schüsseln in unterschiedlichen Größen kann man beim Plätzchenbacken nie genug haben. Bei der Auswahl der richtigen Schüssel empfiehlt es sich, das Volumen eher großzügig zu kalkulieren. So verhindert man, dass beim Teigrühren allzu schnell etwas überschwappt. Zumindest eine oder zwei Schüsseln sollten mikrowellengeeignet bzw. hitzebeständig sein, damit man sie in der Mikrowelle oder im Wasserbad zum Schokolade- oder Butterschmelzen verwenden kann.

Handrührgerät, Küchenmaschine, Schneebesen: Schlagen, rühren und kneten – damit aus vielen einzelnen Zutaten ein optimaler Plätzchenteig wird, ist wohldosierter Krafteinsatz vonnöten, mal von Hand, mal unter Zuhilfenahme moderner Küchentechnik. Eischnee lässt sich hervorragend mit dem elektrischen Handrührgerät herstellen. Mit dem Schneebesen ist schnell eine schaumige Eigelb-Zucker-Masse geschlagen. In der Küchenmaschine lassen sich Früchte, Nüsse und Mandeln hacken und mahlen. Auch Teig lässt sich darin rühren. Allerdings empfehlen Küchenexperten eher, den Teig mit der Hand zu kneten, da allzu starkes Mengen ihn schnell zäh werden lässt.

Mehl- und Zuckersieb: Durch Sieben werden Mehl und (Puder-)Zucker aufgelockert. Das kommt der späteren Teig- und Gebäckkonsistenz zugute. Wird dem Mehl Backpulver hinzugefügt, unterstützt das Sieben darüber hinaus dessen gleichmäßige Verteilung.

Reiben: Je frischer die verwendeten Gewürze, desto aromatischer die Plätzchen. Zimt, Ingwer, Muskatnuss oder Nelke sollten daher erst unmittelbar vor dem Backen mithilfe spezieller feiner Reiben gerieben werden. So entfalten die Gewürze ihr optimales Aroma. Eine ähnlich feine Reiboberfläche ist auch nötig, um den in vielen Plätzchensorten erforderlichen Abrieb von (natürlich unbehandelten) Schalen frischer Zitronen oder Orangen herzustellen.

Küchenpinsel: Es lohnt unbedingt, in einen guten Pinsel zu investieren. Mit seiner Hilfe verteilt man Glasuren glatt und hygienisch und erspart es sich, fortwährend verstreute Pinselhaare einsammeln zu müssen.

Messer: Neben den üblichen kleinen Küchenmessern zum Schälen, Schneiden, Würfeln, Hacken etc. ist ein etwas größeres Messer mit flacher, breiter Klinge nützlich, um damit Teig glatt zu streichen.

Nudelholz: Ein Nudelholz wird immer dann benötigt, wenn Teig ausgerollt werden muss, um anschließend Plätzchen auszustechen oder auszuschneiden. Das klassische Nudelholz ist aus Holz. Inzwischen sind auf dem Markt auch Kunststoffvarianten erhältlich, teilweise sogar mit der Option, die Rolle von innen mit Wasser zu befüllen und dadurch die Temperatur – passend zum jeweiligen Teig – zu regulieren.

Back- und Ausstechformen: Der Kinder liebstes Vergnügen beim Plätzchenbacken ist das Ausstechen lustiger Formen. An Motiven herrscht – passend zu jeder Jahreszeit und jedem Anlass – kein Mangel. Damit die Mühe des Ausstechens auch von Erfolg gekrönt ist, sollten hochwertige Ausstechformen aus Edelstahl verwendet werden. Zudem gibt es die traditionellen (hölzernen) Springerle- oder Spekulatiusformen, bei denen der Teig in die Form gedrückt und anschließend vorsichtig wieder herausgehoben werden muss.

Metall- oder Plastikspatel: Flache Spatel sind nützlich, um die Plätzchen nach dem Backen rückstandsfrei vom Backblech zu lösen. Metallspatel funktionieren beson-

ders gut, bei beschichteten Blechen sollten allerdings besser Plastikspatel verwendet werden.

Kuchengitter: Nach dem Backen brauchen Plätzchen Platz und Ruhe zum Auskühlen. Daher sollten mindestens zwei nicht zu kleine Küchengitter dafür sorgen, dass auch größere Plätzchenmengen problemlos auskühlen können und nicht gestapelt werden müssen.

Spritzbeutel: Die tütenförmigen Stoffsäckchen mit den variablen Aufsatztüllen werden zum Aufspritzen des Teigs auf das Backblech ebenso verwendet wie zum Dekorieren der Plätzchen. Dank zahlloser runder, sternförmiger, dicker und schmaler Tüllen bieten sie vielfältige Einsatzmöglichkeiten. Kleiner Tipp: Für feine Dekorationen, z. B. aus flüssiger Schokolade, kann man aus Pergamentpapier Dekortüten selbst herstellen, indem man ein Blatt zu einer Tüte rollt und am Ende eine feine Spitze abschneidet. Im Gegensatz zum Spritzbeutel, den man nach jedem Benutzen aufwändig säubern muss, kann man die Pergament-Dekortüten ganz unkompliziert entsorgen.

Plätzchen aufbewahren oder verschenken

Plätzchen lassen sich ausgezeichnet auf Vorrat produzieren. Grundsätzlich bleiben sie bei sachgemäßer Lagerung über Wochen frisch und lecker. Ganz unkompliziert ist es, wenn man Kekse nach dem Backen und Auskühlen in Plastikdosen in den Gefrierschrank packt. Alternativ verstaut man sie in Metalldosen oder Keramikgefäßen. Dabei ist zu unterscheiden zwischen knusprig-harten und weichen Keksen. Grundsätzlich sollten die unterschiedlichen Sorten nie zusammen in denselben Dosen gelagert werden: Weiche Kekse bleiben in einer luftdicht verschlossenen Dose am längsten frisch, für knusprige Plätzchen eignen sich Keramikgefäße gut, bei denen ein bisschen Luft die Kruste trocken hält. Weichen Keksen gibt man ggf. ein Stück Brot oder Apfel bei, damit sie schön saftig bleiben. Wenn knusprige Kekse weich geworden sein sollten, werden sie durch Aufbacken im Backofen (bei ca. 150 °C) wieder fest.

Ob in einer dekorativen Dose, auf einem kleinen, in Klarsichtfolie eingewickelten Tablett oder im Cellophantütchen: Selbst gebackene Plätzchen sind immer ein leckeres und persönliches Geschenk oder Mitbringsel. Mit wenig Mühe lassen sie sich zudem zu höchst individuellen und liebevollen Überbringern schöner Botschaften gestalten. Eine Dose voller Herzchenkekse für die/den Liebste/n, eine Tüte mit Buchstaben-Plätzchen zum Schulstart, hübsche Clowns als Karnevalseinladung, Kekse mit Glasurblümchen als Geburtstagsgruß: Der Fantasie, welche Botschaft man wie in Plätzchen (ver-)backt, sind keine Grenzen gesetzt. Viel Freude beim Backen, Schenken und Selbermachen!

Einfach gut

Erdnussquadrate
mit Schokolade

Für ca. 30 Stück

Für den Teig:
125 g weiche Butter
125 g brauner Zucker
1 P. Vanillezucker
200 g Mehl

Für den Belag:
450 g gezuckerte Kondensmilch
30 g Butter
50 g Zucker
1 P. Vanillezucker
1 Prise Salz
150 g ungesalzene Erdnüsse (gehackt)
200 g geraspelte Zartbitterschokolade

Zubereitungszeit: ca. 1 Stunde
(plus Kühl- und Backzeit)
Pro Stück ca. 158 kcal/663 kJ

Für den Teig die Butter mit Zucker und Vanillezucker schaumig rühren. Das Mehl sieben und unter den Teig kneten. Den Teig etwa 30 Minuten kühl stellen.

Den Backofen auf 180 °C (Umluft 160 °C) vorheizen. Eine Fettpfanne mit Alufolie auf die Hälfte verkleinern und mit Backpapier auslegen. Den Teig 1/2 cm dick in Größe des halben Bleches ausrollen und aufs Blech legen. Den Teig auf der mittleren Schiene etwa 10 Minuten vorbacken.

Inzwischen die Kondensmilch mit der Butter, dem Zucker, Vanillezucker und Salz in einem Topf unter ständigem Rühren bei kleiner Hitze etwa 30 Minuten einkochen, bis die Masse hellbraun und dickflüssig ist. Dann die Hälfte der Nüsse unterrühren. Die Paste auf den Teig streichen und auf mittlerer Schiene weitere 10 Minuten backen.

Nach dem Backen sofort die geraspelte Schokolade auf dem noch heißen Belag verteilen. Wenn sie geschmolzen ist, verstreichen und mit den restlichen Erdnüssen bestreuen. Noch warm in Quadrate schneiden.

Mandelkränzchen
mit Vollmilchkuvertüre

Die Mandeln in einer beschichteten Pfanne leicht rösten und abkühlen lassen. Die Butter mit dem Handrührgerät auf höchster Stufe geschmeidig rühren.

Nach und nach gesiebten Puderzucker, Vanillezucker, Salz und das Ei unterrühren. So lange rühren, bis die Masse cremig ist. Das Mehl sieben und mit den gerösteten Mandeln unter den Teig rühren.

Den Backofen auf 180 °C (Umluft 160 °C) vorheizen. Den Teig in kleinen Portionen in einen Spritzbeutel mit Sterntülle geben und Kringel auf ein mit Backpapier ausgelegtes Backblech spritzen. Auf der mittleren Schiene etwa 12 Minuten backen und abkühlen lassen.

Für den Guss die Kuvertüre grob hacken und im warmen Wasserbad schmelzen, gut verrühren. Die Kränzchen zur Hälfte in die Kuvertüre tauchen und trocknen lassen.

Für ca. 60 Stück

125 g Mandeln (abgezogen, gemahlen)
200 g weiche Butter
125 g Puderzucker
1 P. Vanillezucker
1 Msp. Salz
1 Ei
250 g Mehl
100 g Vollmilchkuvertüre

Zubereitungszeit: ca. 1 Stunde (plus Backzeit)
Pro Stück ca. 69 kcal/289 kJ

Karamellkekse
mit Kandissirup

Sirup, Zucker, Butter, Salz und Zimt in eine Schüssel geben und mit den Besen des Handrührgeräts schaumig rühren. Mehl und Backpulver mischen und unter den Teig kneten. Den Teig 3 Stunden kalt stellen.

Den Backofen auf 180 °C (Umluft 160 °C) vorheizen. Den Teig zu einer Rolle (ca. 4 cm Ø) formen und in 1/2 cm dicke Scheiben schneiden. Die Plätzchen auf ein mit Backpapier ausgelegtes Blech legen und auf mittlerer Schiene etwa 12 Minuten backen.

Für ca. 45 Stück

150 ml Kandissirup
50 g brauner Zucker
100 g Butter
1 Prise Salz
1/2 Tl Zimt
250 g Mehl
1/2 P. Backpulver

Zubereitungszeit: ca. 30 Minuten (plus Kühl- und Backzeit)
Pro Stück ca. 50 kcal/210 kJ

Schoko-Küsse
mit Kardamom

Für ca. 30 Stück
125 g Zartbitterschokolade
100 g Butter
100 g Zucker
1 Ei
200 g Mehl
1 El Kakaopulver
1/2 P. Backpulver
1 Tl Kardamom (gemahlen)
Puderzucker zum Bestäuben

Zubereitungszeit: ca. 45 Minuten
(plus Kühl- und Backzeit)
Pro Stück ca. 85 kcal/357 kJ

Die Schokolade mit Butter in einem kleinen Topf unter Rühren schmelzen und abkühlen lassen. Den Zucker unter Rühren einrieseln lassen und das Ei unterrühren. Das Mehl sieben und mit Kakao, Backpulver und Kardamom mischen. Die Mehlmischung unterarbeiten und den Teig etwa 1 Stunde kühl stellen.

Den Backofen auf 180 °C (Umluft 160 °C) vorheizen. Den Teig zu einer 4 cm dicken Rolle formen und in etwa 1 cm dicke Scheiben schneiden. Daraus Kugeln formen.

Die Kugeln auf ein mit Backpapier belegtes Blech setzen. Auf der mittleren Schiene etwa 15 Minuten backen. Die Plätzchen auf einem Kuchengitter auskühlen lassen und mit Puderzucker bestäuben.

Minzplätzchen
mit After Eight

Für ca. 45 Stück
50 g After-Eight-Täfelchen
125 g weiche Butter
50 g Puderzucker
Salz
1 Ei
250 g Mehl
1 Tl Backpulver
2 El Kakaopulver
100 g weiße Kuvertüre
Mehl für die Arbeitsfläche

Zubereitungszeit: ca. 45 Minuten
(plus Kühl- und Backzeit)
Pro Stück ca. 50 kcal/210 kJ

After-Eight-Täfelchen würfeln, zusammen mit der Butter, dem Puderzucker und Salz in eine Rührschüssel geben und mit den Knethaken eines Handrührgeräts verrühren. Das Ei hinzufügen und unterrühren. Mehl, Backpulver und Kakao mischen und zum Teig geben. Alles zu einem glatten Teig verkneten und etwa 2 Stunden kalt stellen.

Den Backofen auf 160 °C (Umluft 140 °C) vorheizen. Den Teig auf einer bemehlten Arbeitsfläche dünn ausrollen und mit Förmchen Plätzchen ausstechen. Diese auf ein mit Backpapier ausgelegtes Backblech setzen.

Die Plätzchen auf mittlerer Schiene etwa 12 Minuten backen, danach auskühlen lassen. Die Kuvertüre im warmen Wasserbad schmelzen lassen und die Plätzchen damit verzieren.

Orangen-Schokoecken

mit Pistazien

Für ca. 50 Stück
200 g weiche Butter
100 g Puderzucker
1 Prise Salz
1 Ei
300 g Mehl
1 El abgeriebene Schale von 1 unbehandelten Orange
1 El Kakaopulver
1 Prise Gewürznelke (gemahlen)
1 Prise Zimt
100 g Zartbitterkuvertüre
20 g Pistazien (gehackt)
Mehl für die Arbeitsfläche

Zubereitungszeit: ca. 45 Minuten (plus Kühl- und Backzeit)
Pro Stück ca. 73 kcal/305 kJ

Die Butter mit Puderzucker und Salz gründlich verrühren. Das Ei trennen und das Eigelb hinzugeben. Alles gut unterrühren, dann das Mehl unterkneten.

Den Teig halbieren. Unter die eine Hälfte die Orangenschale kneten und unter die andere Kakao, Zimt und Nelken kneten. Die Teighälften 1 bis 2 Stunden kalt stellen.

Jede Teighälfte auf einer bemehlten Arbeitsfläche rechteckig (ca. 25 x 25 cm) ausrollen. Den hellen Teig mit leicht verschlagenem Eiweiß bestreichen, den dunklen Teig darauflegen und leicht andrücken.

Den Backofen auf 180 °C (Umluft 160 °C) vorheizen. Den Teig zunächst in Quadrate, dann in Dreiecke schneiden. Die Plätzchen auf ein mit Backpapier ausgelegtes Blech legen und auf mittlerer Schiene etwa 15 Minuten backen.

Die Kuvertüre im warmen Wasserbad schmelzen lassen. Die Oberfläche der ausgekühlten Dreiecke damit bestreichen und mit den gehackten Pistazien bestreuen.

Tipp

Falls Sie keine Pistazien zur Hand haben, können Sie alternativ auch andere gehackte Nüsse verwenden. Sehr gut schmecken auch Pinienkerne, die vorher ohne Fett leicht angeröstet und dann grob gehackt wurden.

Stollenwürfel
mit Mohn

Für ca. 110 Stück

40 g Orangeat
40 g Zitronat
100 g Rosinen
50 g Mandeln (gehackt)
Mark von 1 Vanilleschote
1 Tl abgeriebene Schale von 1 unbehandelten Zitrone
2 El Rum
300 g Mehl
1 P. Trockenhefe (7 g)
60 g Puderzucker
100 ml lauwarme Milch
1 Eigelb
200 g Butter
1/4 Tl Salz
250 g Mohnback(FP)
Fett für das Blech
Mehl für die Arbeitsfläche

Zubereitungszeit: ca. 1 Stunde (plus Ruhe- und Backzeit)
Pro Stück ca. 44 kcal/185 kJ

Orangeat und Zitronat fein hacken, mit Rosinen, Mandeln, Vanillemark, Zitronenschale, Rum und 3 El Wasser mischen und über Nacht durchziehen lassen.

Mehl, Hefe, 40 g Puderzucker, Milch, Eigelb, 150 g weiche Butter und Salz verkneten. Rosinenmischung einarbeiten, an einem warmen Ort 40 Minuten gehen lassen.

Die Hälfte des Teigs auf einem kleinen, gefetteten Backblech (35 x 20 cm, ersatzweise die Hälfte eines großen Blechs verwenden, Ränder mit gefalteter Alufolie abstützen) ausrollen, mit Mohn bestreichen. Übrigen Teig auf einer bemehlten Fläche 35 x 20 cm groß ausrollen und über den Mohn legen, 15 Minuten gehen lassen. Den Backofen auf 180 °C (Umluft 160 °C) vorheizen.

Die Masse im Backofen auf der 2. Einschubleiste von unten 25 Minuten backen. Sofort mit restlicher zerlassener Butter be-streichen, dann mit restlichem Puderzucker bestäuben. Ausgekühlt in 2,5 x 2,5 cm große Würfel schneiden, verschlossen und kühl lagern.

Zitronenkränzchen
mit Hagelzucker

Butter und Zucker schaumig rühren. Zitronenschale und -saft in die Butter-Zucker-Masse rühren, Eigelb zufügen. Mehl, Kartoffelmehl und Backpulver vermischen. Löffelweise unterrühren, den Rest unterkneten.

Den Teig über Nacht kalt stellen, dann auf leicht bemehlter Arbeitsfläche 1/2 cm dick ausrollen. Kleine Kränzchen ausstechen und auf das gefettete oder mit Backpapier belegte Backblech legen.

Den Backofen auf 200 °C (Umluft 180 °C) vorheizen. Eigelb und Milch in einer Tasse verrühren und die Kränzchen damit bepinseln. Dick mit Hagelzucker bestreuen und im vorgeheizten Backofen 10 bis 15 Minuten hellgelb backen.

Für ca. 30 Stück

125 g Butter

100 g Zucker

Schale und Saft von 1 unbehandelten Zitrone

2 Eigelb

200 g Mehl

50 g Kartoffelmehl oder Speisestärke

1 gestrichener Tl Backpulver

1 Eigelb, 1 El Milch und Hagelzucker zum Verzieren

Mehl für die Arbeitsfläche

Fett für das Blech

Zubereitungszeit: ca. 45 Minuten (plus Kühl- und Backzeit)
Pro Stück ca. 84 kcal/353 kJ

Haferflockenhäufchen
mit Rosinen

Butter, Zucker und Eier schaumig schlagen. Das Mehl mit den Haferflocken und Backpulver mischen. Nach und nach unter den Teig heben. Zum Schluss die Rosinen daruntermengen.

Den Backofen auf 200 °C (Umluft 180 °C) vorheizen. Mit 2 Teelöffeln kleine Häufchen abstechen und auf ein mit Backpapier ausgelegtes Blech setzen. Die Plätzchen auf mittlerer Schiene etwa 15 Minuten backen. Auf einem Kuchengitter auskühlen lassen.

Für ca. 60 Stück

250 g Butter

350 g Zucker

2 Eier

125 g Mehl

250 g Haferflocken

1 P. Backpulver

100 g Rosinen

Zubereitungszeit: ca. 30 Minuten (plus Backzeit)
Pro Stück ca. 85 kcal/357 kJ

Schokoladenherzen
mit Ingwer

Für ca. 60 Stück
100 g Rosinen
125 g Zartbitterkuvertüre
60 g frische Ingwerwurzel
1 Ei
60 g weiche Butter
100 g Zucker
Mark von 2 Vanilleschoten
200 g Mehl
1/2 Tl Backpulver
250 g weiße Kuvertüre
80 g Pistazien

Zubereitungszeit: ca. 50 Minuten
(plus Kühl- und Backzeit)
Pro Stück ca. 81 kcal/340 kJ

Rosinen fein hacken, die Zartbitterkuvertüre raspeln. Ingwer schälen und fein reiben. Ei verschlagen. Butter, Zucker und Vanillemark mit den Quirlen des Handrührers ca. 10 Minuten schaumig schlagen. Ei nach und nach unterschlagen (es soll sich sofort mit der Butter verbinden, damit die Masse nicht gerinnt).

Mehl, Backpulver, Rosinen, geraspelte Kuvertüre und Ingwer mit den Knethaken des Handrührers unterrühren, bis ein glatter Teig entsteht. Teig halbieren und 1 Stunde in Folie gewickelt kalt stellen.

Beide Teighälften zwischen jeweils 2 Bögen Backpapier zu 40 x 35 cm großen Rechtecken ausrollen. Mit einem Herzausstecher (5 cm breit) Herzen ausstechen. Backofen auf 180 °C (Umluft 160 °C) vorheizen.

Die Herzen in jeweils 2 cm Abstand auf mit Backpapier belegte Backbleche setzen. Plätzchen auf der 2. Einschubleiste von unten jeweils ca. 15 Minuten (Umluft 14 Minuten) goldbraun backen. Auf Kuchengittern abkühlen lassen.

Die weiße Kuvertüre hacken und im warmen Wasserbad schmelzen. Pistazien nicht zu fein mahlen. Herzen mit einer Hälfte in die Kuvertüre tauchen, abtropfen lassen und seitlich in die Pistazien drücken, sodass sich ein grüner Rand bildet. Auf Backpapier trocknen lassen. Die Plätzchen halten sich kühl und trocken aufbewahrt etwa 1 Woche.

Marzipanherzen
mit Mandeln

Für ca. 60 Stück
150 g Mehl
1 Tl Backpulver
1 Msp. Salz
280 g Puderzucker
1 P. Vanillezucker
150 g Mandeln
2 El Milch
125 g Butter
200 g Marzipanrohmasse
5 El Johannisbeergelee
2 El Zitronensaft
50 g Pistazien (gehackt)
Mehl für die Arbeitsfläche

Zubereitungszeit: ca. 1 Stunde
(plus Kühl- und Backzeit)
Pro Stück ca. 73 kcal/306 kJ

Das Mehl mit dem Backpulver in eine Rührschüssel sieben. Salz, 80 g Puderzucker, Vanillezucker, abgezogene und gehäutete Mandeln und Milch dazugeben. Die Butter in Stückchen schneiden und hinzufügen.

Die Zutaten mit den Knethaken eines Handrührgeräts gut durcharbeiten. Auf einer bemehlten Arbeitsfläche zu einem glatten Teig verkneten. Den Teig 1 Stunde kalt stellen.

Den Backofen auf 180 °C (Umluft 160 °C) vorheizen. Den Teig dünn ausrollen, Herzen ausstechen und auf ein Backblech setzen. Die Plätzchen auf der mittleren Schiene etwa 10 Minuten backen.

Für den Belag die Marzipanrohmasse mit 100 g gesiebtem Puderzucker verkneten, dünn ausrollen. Herzen in Größe der Mandelherzen ausstechen. Die erkalteten Mandelherzen dünn mit Gelee bestreichen und die Marzipanherzen darauflegen.

Für den Guss den restlichen Puderzucker sieben und mit dem Zitronensaft zu einer glatten Masse verrühren. Die Plätzchen damit überziehen und mit den Pistazien garnieren.

Schmalzplätzchen
mit Crème fraîche

Für ca. 50 Stück

100 g Butter
75 g Butterschmalz
1 Prise Salz
50 g Zucker
250 g Mehl
3–4 El Crème fraîche
Crème fraîche zum Bestreichen
grober Zucker zum Bestreuen
Mehl für die Arbeitsfläche
Fett für das Blech

Butter und Schmalz mit Salz und Zucker cremig rühren. Nach und nach das Mehl und die Crème fraîche unterkneten. Den Teig mindestens 30 Minuten, besser mehrere Stunden, im Kühlschrank ruhen lassen.

Backofen auf 180 °C (Umluft 160 °C) vorheizen. Teig nochmals kurz durchkneten und auf bemehlter Arbeitsfläche dünn ausrollen.

Verschiedene Formen ausstechen. Die Plätzchen dünn mit Crème fraîche bestreichen und mit Zucker bestreuen. Auf ein gefettetes Backblech setzen und im Backofen ca. 10 Minuten hell backen.

Zubereitungszeit: ca. 20 Minuten
(plus Kühl- und Backzeit)
Pro Stück ca. 52 kcal/217 kJ

Früchtehäufchen
mit Mandeln

Für ca. 45 Stück

100 g weiche Butter
80 g Zucker
2 Eigelb
1 Tl abgeriebene Schale von 1 unbehandelten Zitrone
1 Tl Zimt
125 g Mehl
4 El Milch
50 g Rosinen
50 g Mandelstifte
50 g Zitronat
50 g Orangeat
Puderzucker zum Bestäuben

Die Butter zusammen mit dem Zucker so lange rühren, bis eine cremige Masse entstanden ist. Eigelb, Zitronenschale und Zimt darunterrühren.

Das Mehl sieben und zusammen mit der Milch unter die Buttermasse rühren. Rosinen, Mandeln, Zitronat und Orangeat unter den Teig mengen.

Den Backofen auf 180 °C (Umluft 160 °C) vorheizen. Mit 2 Teelöffeln kleine Häufchen auf ein mit Backpapier ausgelegtes Backblech setzen. Auf der mittleren Schiene etwa 15 Minuten backen. Das Gebäck abkühlen lassen und dann mit Puderzucker bestäuben.

Zubereitungszeit: ca. 30 Minuten
(plus Backzeit)
Pro Stück ca. 53 kcal/222 kJ

Nougatherzen
mit Haselnüssen

Für ca. 50 Stück

100 g Haselnüsse (gemahlen)
150 g Mehl
1/2 Tl abgeriebene Schale von 1 unbehandelten Zitrone
1 Ei
125 g Zucker
1 P. Vanillezucker
125 g kalte Butter
50 g Zartbitterkuvertüre
200 g Nougat
1 Tl Instant-Espressopulver
150 g Vollmilchkuvertüre
Mehl für die Arbeitsfläche

Zubereitungszeit: ca. 1 Stunde (plus Kühl- und Backzeit)
Pro Stück ca. 36 kcal/319 kJ

Die gemahlenen Haselnüsse mit Mehl, Zitronenschale, Ei, Zucker, Vanillezucker und Butterflöckchen zu einem glatten Teig verkneten. Zugedeckt etwa 1 Stunde kühl stellen.

Den Backofen auf 180 °C (Umluft 160 °C) vorheizen. Den Teig auf bemehlter Arbeitsfläche etwa 4 mm dick ausrollen, Herzen (ca. 4 cm Ø) ausstechen. Auf ein mit Backpapier belegtes Blech legen. Im Ofen etwa 10 Minuten backen. Auskühlen lassen.

Für die Füllung die Zartbitterkuvertüre hacken, in einer Schüssel über dem warmen Wasserbad mit dem Nougat schmelzen. Espressopulver unterrühren.

Die Hälfte der Herzen mit der Masse bestreichen. Die anderen Plätzchenherzen daraufsetzen und leicht festdrücken.

Die Vollmilchkuvertüre grob hacken, in einer Schüssel über dem warmen Wasserbad schmelzen. In Gefrierbeutel füllen und eine kleine Ecke abschneiden. Mit der Schokolade die Konturen der Plätzchen nachziehen.

Tipp

Sehr lecker schmecken die Plätzchen auch mit einem Überzug aus weißer Schokolade. Hierfür einfach 200 g weiße Kuvertüre mit etwas Sahne über dem Wasserbad schmelzen und die Plätzchen damit überziehen. Solange der Guss noch nicht fest ist, nach Belieben dekorieren.

Apfeldukaten
mit Rum

Mehl und Puderzucker in eine Schüssel sieben. Butter in Stücke geschnitten dazugeben und das Eigelb und den Vanillezucker hinzufügen. Alles zu einem glatten Teig verkneten. Den Teig etwa 1 Stunde kalt stellen.

Für die Füllung die Rosinen im Rum einweichen. Die Äpfel schälen, Kerngehäuse entfernen und Äpfel in sehr kleine Stückchen schneiden. Mit Zimt, Zitronensaft, Rosinen und Mandeln vermischen.

Den Backofen auf 180 °C (Umluft 160 °C) vorheizen. Den Teig portionsweise auf einer bemehlten Arbeitsfläche ausrollen. Taler von ca. 5 cm Ø ausstechen. Auf die Hälfte der Plätzchen die Apfelfüllung verteilen. Die andere Hälfte darauflegen und die Ränder gut andrücken.

Die Plätzchen auf ein mit Backpapier ausgelegtes Backblech setzen. Auf mittlerer Schiene etwa 15 Minuten backen. Die Plätzchen auskühlen lassen und mit etwas Zimt bestäuben.

Für ca. 30 Stück

Für den Teig:
250 g Mehl
100 g Puderzucker
100 g Butter
2 Eigelb
1 P. Vanillezucker

Für die Füllung:
30 g Rosinen
1 El Rum
2 Äpfel
1 Msp. Zimt
2 El Zitronensaft
50 g gehackte Mandeln

Zimt zum Bestäuben
Mehl für die Arbeitsfläche

Zubereitungszeit: ca. 1 Stunde
(plus Kühl- und Backzeit)
Pro Stück ca. 90 kcal/378 kJ

Ingwertaler
mit Pistazien

Für ca. 30 Stück

50 g in Sirup eingelegter Ingwer

250 g Mehl

1 Tl Backpulver

150 g Zucker

1 P. Vanillezucker

1 Prise Salz

1 Ei

50 g Mandeln
(abgezogen, gemahlen)

200 g weiche Butter

1 Eigelb, 2 El Milch und
50 g Pistazien (gehackt)
zum Verzieren

Mehl für die Arbeitsfläche

Zubereitungszeit: ca. 45 Minuten
(plus Kühl- und Backzeit)
Pro Stück ca. 128 kcal/538 kJ

Den Ingwer fein hacken. Das Mehl mit dem Backpulver in eine Rührschüssel sieben. Zucker, Vanillezucker, Salz, Ei, Ingwer und Mandeln dazugeben. Die Butter in Stücke schneiden und hinzufügen.

Die Zutaten mit den Knethaken eines Handrührgeräts gut durcharbeiten. Auf einer bemehlten Arbeitsfläche zu einem glatten Teig verkneten. Den Teig 1 Stunde kalt stellen.

Den Backofen auf 180 °C (Umluft 160 °C) vorheizen. Den Teig etwa 1/2 cm dick ausrollen. Runde Plätzchen (3 cm Ø) ausstechen und auf ein mit Backpapier ausgelegtes Backblech setzen.

Das Eigelb mit Milch verrühren, die Plätzchen damit bestreichen und mit Pistazien bestreuen. Auf der mittleren Schiene etwa 15 Minuten backen.

Aprikosenberge
mit Kokos

Für ca. 40 Stück

2 Eier

1 Tl Zitronensaft

150 g Zucker

200–225 g Kokosraspel

6 getrocknete Aprikosen
(fein gewürfelt)

1 Msp. Kardamom

je 1 Prise Gewürznelken
(gemahlen) und Muskat

ca. 40 kleine Oblaten, 4 cm Ø

Zubereitungszeit: ca. 25 Minuten
(plus Ruhe- und Backzeit)
Pro Stück ca. 48 kcal/202 kJ

Die Eier mit Zitronensaft und Zucker schaumig schlagen. Kokosraspel, Aprikosen, Kardamom, Nelken und Muskat untermischen. Alles ca. 30 Minuten ruhen lassen.

Ein Backblech mit Oblaten belegen. Mithilfe von 2 Teelöffeln Teighäufchen daraufsetzen. Im vorgeheizten Ofen bei 175 °C (Umluft 155 °C) etwa 15 bis 20 Minuten goldgelb backen.

Bananensterne
mit Schokoladencreme

Für ca. 50 Stück

Für die Creme:
100 g Vollmilchkuvertüre
250 g Halbbitterkuvertüre
100 ml Sahne
100 g Butter
2 El Ahornsirup
50 ml Whisky

Für den Teig:
100 g Bananenchips
250 g Mehl
125 g Butter
100 g Zucker
4–5 Tropfen Buttervanillearoma
1 Ei

Mehl für die Arbeitsfläche

Zubereitungszeit: ca. 1 Stunde
(plus Kühl- und Backzeit)
Pro Stück ca. 108 kcal/453 kJ

Die beiden Kuvertüren hacken. Zusammen mit der Sahne, der Butter und dem Sirup in einem kleinen Topf unter Rühren erwärmen. Den Whisky unterrühren und das Ganze etwa 4 Stunden kalt stellen.

Inzwischen 50 g Bananenchips mit einer Teigrolle fein zerbröseln. Mehl in eine Schüssel sieben. Die Butter in Stücke schneiden und dazugeben. Zucker, Vanillearoma und Ei hinzufügen und alles zu einem Teig verkneten. Den Teig für 1 Stunde kühl stellen.

Den Backofen auf 200 °C (Umluft 180 °C) vorheizen. Auf einer bemehlten Arbeitsfläche den Teig dünn ausrollen. Sterne ausstechen und auf ein mit Backpapier belegtes Blech setzen. Auf der mittleren Schiene etwa 10 Minuten backen und auf einem Kuchengitter auskühlen lassen.

Die Kuvertüre-Sahne-Masse mit den Schneebesen eines Handrührgeräts aufschlagen. In Spritzbeutel mit Sterntülle füllen, mittig auf die Sterne spritzen. Mit den restlichen zerbröselten Bananenchips verzieren.

Ananasplätzchen
mit Kokos

Für ca. 50 Stück

Für den Teig:
50 g kandierte Ananas
150 g Kokosraspel
250 g Mehl
200 g weiche Butter
1 Ei
1 Eigelb
150 g Puderzucker
1 Prise Salz

Für die Füllung:
2 Eier
100 g Puderzucker
1 Tl abgeriebene Schale von 1 unbehandelten Zitrone
2 El Zitronensaft
100 g Kokosraspel
50 g Ananaskonfitüre

Mehl für die Arbeitsfläche
100 g Puderzucker
1 Tl abgeriebene Schale von 1 unbehandelten Zitrone
2–3 El Kokoslikör
5 El Kokosraspel

Zubereitungszeit: ca. 1 Stunde (plus Kühl- und Backzeit)
Pro Stück ca. 118 kcal/495 kJ

Die kandierte Ananas sehr fein hacken. Die Kokosraspel in einer beschichteten Pfanne ohne Fett anrösten. Das Mehl in eine Schüssel sieben. Kokos, Ananas, Butter in kleinen Stücken, Ei, Eigelb, Puderzucker und Salz dazugeben. Alles mit den Knethaken des Handrührgeräts zu einem glatten Teig verkneten. Den Teig für etwa 1 Stunde kalt stellen.

Für die Füllung die Eier mit dem Puderzucker sehr cremig rühren. Zitronenschale und -saft, Kokosraspel und Ananaskonfitüre unterrühren.

Den Teig in mehreren Portionen auf der bemehlten Arbeitsfläche 1/2 cm dick ausrollen und Kreise, Sterne oder Herzen von etwa 5 cm Ø ausstechen.

Auf die Hälfte der Plätzchen die Kokosfüllung verteilen. Die andere Hälfte darauflegen und die Ränder gut andrücken. Den Backofen auf 180 °C (Umluft 160 °C) vorheizen. Die Plätzchen auf mit Backpapier belegte Bleche setzen und auf der mittleren Schiene etwa 15 Minuten backen. Auf einem Gitter abkühlen lassen.

Für die Dekoration den Puderzucker mit Zitronenschale und Likör verrühren. Den Guss auf die Plätzchen streichen und mit Kokosraspeln bestreuen.

Jelänger-Jelieber
mit Kirschmarmelade

Für ca. 40 Stück
140 g Schweineschmalz
140 g Butter
140 g Zucker
4 Eigelb
420 g Mehl
50 g Mandeln (gehackt)
Kirsch- oder Aprikosenmarmelade
Mehl für das Blech

Schmalz und Butter schaumig rühren. Nacheinander Zucker und 3 Eigelb unterrühren. Zuletzt das Mehl unterkneten. Den Ofen auf 180 °C (Umluft 160 °C) vorheizen. Ein Backblech mit Mehl bestäuben.

Aus dem Teig kleine Bällchen formen (ca. 2 cm Ø), auf das bemehlte Blech setzen und mit den Fingern etwas flach drücken.

Die Plätzchen mit dem restlichen verquirlten Eigelb bestreichen und mit den Mandeln bestreuen. Mit einem Kochlöffelstiel in die Mitte jeweils eine Mulde drücken und etwas Marmelade einfüllen. Im Ofen auf mittlerer Schiene 15 bis 20 Minuten backen.

Zubereitungszeit: ca. 15 Minuten
(plus Backzeit)
Pro Stück ca. 118 kcal/497 kJ

Honigkipferle
mit Mandeln

Für ca. 60 Stück
350 g Mehl
250 g Butter
80 g Zucker
1 P. Vanillezucker
100 g flüssiger Honig
150 g Mandeln
(geschält, gemahlen)
2 Tropfen Mandelaroma
1 Ei
150 g brauner Zucker
Mehl für die Arbeitsfläche

Das Mehl in eine Schüssel sieben. Die Butter in Stücke schneiden und hinzufügen. Zucker, Vanillezucker, die Hälfte des Honigs, Mandeln, Mandelaroma und Ei hinzugeben und alles zu einem glatten Teig verkneten. Den Teig über Nacht kühl stellen.

Den Backofen auf 180 °C (Umluft 160 °C) vorheizen. Ein Backblech mit Backpapier auslegen. Den Teig portionieren. Jedes Stück zu einem fingerdicken Strang ausrollen. Jeden Strang in 5 cm lange Stücke schneiden und diese zu Hörnchen formen. Im Abstand von 3 cm auf das Blech legen. Die Plätzchen auf der mittleren Schiene etwa 15 Minuten backen.

Die Kipferle noch heiß mit übrigem Honig bestreichen und im braunen Zucker wälzen.

Zubereitungszeit: ca. 40 Minuten
(plus Kühl- und Backzeit)
Pro Stück ca. 87 kcal/365 kJ

Sandplätzchen
mit Vanille

Für ca. 60 Stück
200 g Speisestärke
50 g Mehl
1 Vanilleschote
200 g Butter
3 Tropfen Buttervanillearoma
80 g Puderzucker

Zubereitungszeit: ca. 25 Minuten
(plus Kühl- und Backzeit)
Pro Stück ca. 48 kcal/202 kJ

Speisestärke und Mehl sieben, die Vanilleschote aufschlitzen und auskratzen. Stärke und Mehl mit Vanillemark, Butter, Backaroma und Puderzucker zu einem glatten Teig verkneten. Teig zu 2 Rollen von 30 cm Länge formen. Abdecken und 2 Stunden kühl stellen. Die Rollen in 1 cm dicke Scheiben schneiden. Scheiben zu Kugeln formen. Die Backbleche mit Backpapier belegen, die Teigkugeln daraufsetzen und vorsichtig mit einer bemehlten Gabel flach drücken.

Die Sandplätzchen im vorgeheizten Backofen bei 190 °C (Umluft 170 °C) auf der 2. Einschubleiste von unten etwa 15 Minuten backen, abkühlen lassen, in Dosen verpacken.

Gewürzplätzchen
mit Anis

Für ca. 60 Stück
3 Eigelb
250 g Puderzucker
1 Prise Salz
3 Eiweiß
250 g Mehl
1/2 Tl Aniskörner
Zucker zum Bestreuen

Zubereitungszeit: ca. 25 Minuten
(plus Trocken- und Backzeit)
Pro Stück ca. 36 kcal/151 kJ

Eigelb mit Puderzucker und Salz mit dem Handrührer schaumig rühren. Eiweiß steif schlagen und mit der Eigelbmasse locker vermischen. Das gesiebte Mehl und den Anis unterheben.

Den Teig in einen Spritzbeutel mit Lochtülle füllen und auf mit Backpapier belegte Backbleche etwa 2 bis 2 1/2 cm große Plätzchen spritzen. Leicht mit Zucker bestreuen. Über Nacht bei Raumtemperatur trocknen lassen.

Am nächsten Tag die Plätzchen im vorgeheizten Backofen bei 150 °C (Umluft 130 °C) auf mittlerer Einschubleiste 20 bis 25 Minuten backen. Den Ofen während dieser Zeit auf keinen Fall öffnen. Die Plätzchen auf den Blechen abkühlen lassen und 2 bis 3 Wochen kühl und gut verschlossen lagern, damit sie weich werden.

Schokoecken
mit Banane

Die Banane schälen und mit einer Gabel zerdrücken. Mehl, Backpulver und Kakao in eine Rührschüssel sieben.

Zucker, Vanillezucker, Salz, Butter und Bananenmus hinzufügen und mit den Knethaken eines Handrührgeräts zu einem Teig verarbeiten.

Den Backofen auf 180 °C (Umluft 160 °C) vorheizen. Den Teig auf einer bemehlten Arbeitsfläche glatt kneten und zu fingerdicken Rollen formen. 4 bis 5 cm lange Stücke schneiden, die Enden etwas dünner rollen und zu Ecken formen.

Die Ecken auf ein mit Backpapier ausgelegtes Blech setzen und auf mittlerer Schiene etwa 12 Minuten backen. Die Ecken erkalten lassen und mit Puderzucker bestäuben.

Für ca. 60 Stück
1 reife Banane
250 g Mehl
1 Tl Backpulver
1 El Kakaopulver
125 g Zucker
1 P. Vanillezucker
1 Prise Salz
100 g weiche Butter
Mehl für die Arbeitsfläche
etwas Puderzucker

Zubereitungszeit: ca. 30 Minuten
(plus Back- und Auskühlzeit)
Pro Stück ca. 37 kcal/155 kJ

Apfelmuswürfel
mit Kardamom

Die Butter mit dem Zucker schaumig rühren. Die Eier nach und nach unterrühren. Das Mehl sieben und mit dem Salz, Natron und gemahlenen Gewürzen mischen. Das Ganze dann unter den Teig rühren. Zum Schluss die Rosinen und das Apfelmus unterrühren. Ein Blech mit Alufolie um die Hälfte verkleinern und mit Backpapier auslegen.

Den Backofen auf 180 °C (Umluft 160 °C) vorheizen. Den Teig auf das vorbereitete Blech geben und glatt streichen. Auf mittlerer Schiene 20 bis 30 Minuten backen. Den ausgekühlten Kuchen mit Puderzucker bestäuben und zu Quadraten schneiden.

Für ca. 30 Stück
150 g weiche Butter
200 g brauner Zucker
3 Eier
300 g Mehl
1 Prise Salz
11/2 Tl Natron
1 Tl Zimt
1 Msp. Gewürznelke (gemahlen)
1 Msp. Kardamom
80 g Rosinen
200 g Apfelmus aus dem Glas
Puderzucker zum Bestäuben

Zubereitungszeit: ca. 20 Minuten
(plus Backzeit)
Pro Stück ca. 120 kcal/504 kJ

Dreispitz
mit Pflaumenmus

Für ca. 40 Stück

125 g gekochte Kartoffeln (mehligkochend)
60 g weiche Butter
60 g Zucker
1 P. Vanillezucker
1 Ei
250 g Mehl
1 Tl Backpulver
1 Prise Salz
1 Tl abgeriebene Schale von 1 unbehandelten Zitrone
150 g Pflaumenmus
1 Eigelb
2 El Milch
2 El Hagelzucker
Mehl für die Arbeitsfläche

Zubereitungszeit: ca. 1 Stunde (plus Kühl- und Backzeit)
Pro Stück ca. 53 kcal/222 kJ

Kalte Kartoffeln pellen und fein reiben. Mit Butter, Zucker, Vanillezucker, Ei, Mehl, Backpulver, Salz und Zitronenschale zu einem glatten Teig verkneten. Den Teig etwa 1 Stunde kalt stellen.

Den Backofen auf 180 °C (Umluft 160 °C) vorheizen. Das Backblech mit Backpapier auslegen. Den Teig etwa 1/2 cm dick auf einer bemehlten Arbeitsfläche ausrollen und Kreise (6 cm Ø) ausstechen.

Auf jeden Kreis etwas Pflaumenmus streichen, dabei am Rand etwa 1 cm frei lassen. Die Kreise jeweils an drei Seiten hochklappen und die Teigseiten zu einem Dreispitz fest zusammendrücken.

Das Eigelb mit Milch verrühren. Plätzchen damit bepinseln und mit Hagelzucker bestreuen. Auf mittlerer Schiene etwa 15 Minuten backen.

Adventswürfel
mit Schokoraspeln

gut

Für ca. 60 Stück

250 g Butter
150 g Puderzucker
1 P. Vanillezucker
4 Eier
150 g Mehl
1 Tl Backpulver
125 g weiße Schokoladenraspel
200 g Mandeln (gemahlen)
100 g Vollmilchkuvertüre
50 g Mandelstückchen

Zubereitungszeit: ca. 30 Minuten (plus Backzeit)
Pro Stück ca. 99 kcal/415 kJ

Die Butter schaumig rühren. Abwechselnd den Puderzucker mit dem Vanillezucker und die Eier dazugeben und unterrühren. Das Mehl sieben, mit dem Backpulver mischen und esslöffelweise unterrühren. Danach 100 g Schokoladenraspel und die gemahlenen Mandeln unterrühren.

Den Backofen auf 180 °C (Umluft 160 °C) vorheizen. Ein Backblech mit Backpapier belegen und den Teig auf das Blech streichen. Auf der mittleren Schiene etwa 20 Minuten backen.

Den Kuchen abkühlen lassen. Die Kuvertüre im warmen Wasserbad schmelzen lassen und auf den Kuchen streichen. Mit Mandelstückchen und den restlichen Schokoraspeln verzieren. Alles abkühlen lassen und in kleine Quadrate schneiden.

Anisplätzchen
mit Zitrone

Für ca. 20 Stück
4 Eier
250 g Zucker
2 El gestoßener Anis
3 Tl abgeriebene Schale von 1 unbehandelten Zitrone
1/2 P. Backpulver
280 g Mehl
Fett für das Blech

Zubereitungszeit: ca. 20 Minuten
(plus Ruhe- und Backzeit)
Pro Stück ca. 119 kcal/500 kJ

Die Eier unter langsamer Zugabe des Zuckers schaumig schlagen. Danach den Anis, die Zitronenschale und das mit dem Backpulver gemischte Mehl dazugeben und alles zu einem glatten Teig verrühren.

Ein Backblech fetten und mit einem Teelöffel kleine Teigportionen daraufsetzen. Das Blech zugedeckt bei Zimmertemperatur etwa 12 Stunden stehen lassen.

Backofen auf 200 °C (Umluft 180 °C) vorheizen und die Plätzchen auf der mittleren Einschubleiste etwa 30 Minuten hellgelb backen.

Gabelbissen
mit Butteraroma

Für ca. 80 Stück
500 g Mehl
175 g Butter
85 g Zucker
1 P. Vanillezucker
2 Tropfen Butteraroma
1 Tl Backpulver
Mehl für die Arbeitsfläche

Zubereitungszeit: ca. 40 Minuten
(plus Kühl- und Backzeit)
Pro Stück ca. 48 kcal/201 kJ

Das Mehl in eine Schüssel sieben. Die Butter in Stücke schneiden und hinzugeben. Zucker, Vanillezucker, Butteraroma und Backpulver hinzufügen und alles zu einem glatten Teig verkneten. Den Teig etwa 1 Stunde kühl stellen.

Den Backofen auf 200 °C (Umluft 180 °C) vorheizen. Den Teig portionieren. Jedes Stück zu einem fingerdicken Strang ausrollen. Jeden Strang in 3 cm lange Stücke schneiden und mit einer Gabel leicht platt drücken. Im Abstand von 2 cm auf ein mit Backpapier ausgelegtes Blech setzen. Die Plätzchen auf der mittleren Schiene etwa 12 Minuten backen.

Klassiker

Baumkuchenspitzen

mit Vanillemark

Die Vanilleschote der Länge nach halbieren und das Mark herauskratzen. Die Butter mit dem Zucker cremig rühren. Die Eier trennen. Die Eigelbe nacheinander unter die Butter-Zucker-Masse rühren.

Mehl mit Speisestärke, Orangen- und Zitronenschale sowie Vanillemark vermischen und nach und nach unter den Teig rühren. Eiweiße mit Salz steif schlagen und unter den Teig heben. Teig halbieren und die Hälfte mit dem Kakao verrühren.

Eine Springform (ca. 28 cm Ø) mit Backpapier auslegen, den Grill des Backofens auf 200 °C vorheizen. Etwa 2 El hellen Teig auf dem Backpapier verstreichen und die Schicht auf mittlerer Schiene 1 bis 2 Minuten backen.

Dann etwa 2 El dunklen Teig aufstreichen und backen. Auf diese Weise abwechselnd den Baumkuchen Schicht für Schicht backen, bis der Teig verbraucht ist. Aufpassen, dass die einzelnen Schichten zwar durchbacken, aber nicht zu dunkel werden.

Den Baumkuchen auskühlen lassen, den Springformrand entfernen, auf ein Brett stürzen und das Backpapier abziehen. Den Baumkuchen in etwa 3 cm breite Streifen und anschließend in Dreiecke schneiden.

Kuvertüre getrennt klein hacken und im warmen Wasserbad schmelzen. Die Baumkuchenspitzen auf eine Gabel pieksen und zur Hälfte in die helle bzw. dunkle Kuvertüre tauchen, etwas abtropfen lassen und auf einem Kuchengitter trocknen lassen. Restliche Kuvertüre in kleine Spritztüten aus Pergament füllen und damit die Baumkuchenspitzen verzieren.

Für ca. 40 Stück

1 Vanilleschote
250 g weiche Butter
250 g Zucker
7 Eier
150 g Mehl
100 g Speisestärke
1 Tl abgeriebene Schale von 1 unbehandelten Orange
1 Tl abgeriebene Schale von 1 unbehandelten Zitrone
1 Prise Salz
2 Tl Kakaopulver
150 g weiße Kuvertüre
150 g Vollmilchkuvertüre

Zubereitungszeit: ca. 1 Stunde (plus Backzeit)
Pro Stück ca. 151 kcal/635 kJ

Muzenmandeln
mit Rum

Für ca. 45 Stück
100 g weiche Butter
60 g Zucker
1 Tl abgeriebene Schale von 1 unbehandelten Zitrone
1 Prise Salz
2 Eier
1 El Rum
100 g Speisestärke
250 g Mehl
1 Tl Backpulver
Öl zum Frittieren
Puderzucker zum Bestäuben

Zubereitungszeit: ca. 50 Minuten
Pro Stück ca. 72 kcal/302 kJ

Die Butter mit dem Zucker, der Zitronenschale und Salz sowie den Eiern schaumig rühren. Rum hinzufügen.

Speisestärke und Mehl sieben und mit dem Backpulver mischen. Löffelweise unter die Teigmasse rühren.

Das Öl in der Fritteuse oder in einer tiefen Pfanne auf 180 °C erhitzen. Mit 2 Esslöffeln kleine Nocken formen und im heißen Fett goldbraun ausbacken. Danach die noch heißen Muzen mit Puderzucker bestäuben.

Berliner Brot
mit Rübensirup

Den Zucker mit dem Rübensirup in einem kleinen Topf unter Rühren erwärmen. Das Ganze in einer Schüssel abkühlen lassen und die Eier einzeln unterrühren, bis eine helle Masse entsteht.

Mehl sieben, mit Backpulver, Kakao, Gewürzen, Salz und Nüssen vermischen. Die Mehlmischung unter den Teig heben.

Den Backofen auf 200 °C (Umluft 180 °C) vorheizen. Ein Backblech mit Backpapier auslegen und den Teig auf dem Blech gleichmäßig verteilen.

Auf mittlerer Schiene etwa 20 Minuten backen. Den Kuchen auf einem Kuchengitter lauwarm abkühlen lassen, dann in Streifen schneiden und in eine Blechdose legen.

Für ca. 50 Stück

250 g brauner Zucker
250 g Rübensirup
4 Eier
500 g Mehl
2 Tl Backpulver
2 El Kakaopulver
2 Tl Zimt
2 Tl Lebkuchengewürz
1 Prise Gewürznelke (gemahlen)
1 Prise Salz
600 g Haselnüsse

Zubereitungszeit: ca. 20 Minuten
(plus Backzeit)
Pro Stück ca. 154 kcal/646 kJ

Spekulatius
mit Mandeln

Das weiche Fett schaumig rühren. Zucker und Vanillezucker zufügen. Eier, Gewürzzutaten und Rum unterrühren. Mehl und Speisestärke mischen und sieben. Einen Teil unterrühren, den Rest mit den Knethaken des Handrührers unterkneten. Den Teig 1 Tag zugedeckt kalt stellen.

Backofen auf 200 °C (Umluft 180 °C) vorheizen. Kleine Teigstücke in bemehlte Modelformen drücken. Überstehenden Teig abschneiden und Mandelblättchen auf den Teig drücken. Model umdrehen und durch kräftiges Schlagen die Teigfiguren herausklopfen.

Figuren auf ein gefettetes oder mit Backpapier ausgelegtes Backblech legen. Im vorgeheizten Backofen ca. 10 Minuten backen. Wenn Sie keine Modelformen besitzen, den Teig auf der leicht bemehlten Arbeitsfläche ausrollen und beliebige Figuren ausstechen.

Für ca. 70 Stück

180 g Margarine
200 g Zucker
2 P. Vanillezucker
2 Eier
1 1/2 P. Spekulatiusgewürz
1 Prise Salz
einige Tropfen Bittermandelaroma
abgeriebene Schale von
1 unbehandelten Zitrone
1 El Rum
450 g Mehl
50 g Speisestärke
100 g Mandelblättchen
Mehl zum Bestäuben
Fett für das Blech

Zubereitungszeit: ca. 40 Minuten
(plus Kühl- und Backzeit)
Pro Stück ca. 66 kcal/278 kJ

Spitzbuben
mit Himbeerkonfitüre

Für ca. 40 Stück

350 g Mehl
150 g Zucker
1 P. Vanillezucker
abgeriebene Schale von 1/2 unbehandelten Zitrone
100 g Mandeln (geschält, gemahlen)
250 g Butter
1 Ei
100 g Himbeerkonfitüre zum Bestreichen
Puderzucker zum Bestäuben
Mehl für die Arbeitsfläche
Fett für das Blech

Zubereitungszeit: ca. 40 Minuten (plus Kühl- und Backzeit)
Pro Stück ca. 114 kcal/477 kJ

Mehl, Zucker, Vanillezucker, Zitronenschale und Mandeln auf die Arbeitsfläche häufen. Das Fett in Flöckchen und das Ei zufügen und alles mit einem großen Messer durchhacken. Anschließend mit den Händen rasch verkneten. Den Teig in Folie gewickelt 2 Stunden kalt stellen.

Backofen auf 180 °C (Umluft 160 °C) vorheizen. Auf der bemehlten Arbeitsfläche etwa 2 mm dick ausrollen. Jeweils die gleiche Anzahl runder Plätzchen mit gezacktem Rand in 3 verschiedenen Größen ausstechen. Auf ein gefettetes Backblech legen und im vorgeheizten Backofen etwa 10 Minuten goldgelb backen.

Die Plätzchen vom Blech lösen und noch warm jeweils 3 Plätzchen unterschiedlicher Größe mit Konfitüre terrassenförmig zusammensetzen. Alles dick mit Puderzucker bestäuben.

Tipp

Bei Gebäck, das terrassenförmig zusammengesetzt wird, bestreicht man nur die untere Seite der Plätzchen mit Konfitüre, damit die überstehenden Ränder frei bleiben.

Spitzkuchen
Rheinischer Art

Für ca. 70 Stück

50 g Honig
200 g Rübensirup
500 g Mehl
je 100 g Rosinen, Korinthen, Zitronat und gehackte Mandeln
50 g Orangeat
1 Tl Zimt
1/2 Tl Kardamom (gemahlen)
1 Msp. Gewürznelke (gemahlen)
1 Prise Salz
5 g Pottasche
3 El Milch
500 g Zartbitterkuvertüre
Mehl für die Arbeitsfläche

Zubereitungszeit: ca. 50 Minuten
(plus Ruhe-, Back- und Auskühlzeit)
Pro Stück ca. 94 kcal/394 kJ

Den Honig mit dem Sirup in einem kleinen Topf unter Rühren schmelzen lassen. In eine Rührschüssel geben und kalt werden lassen. Die Hälfte des Mehls in die Honigmasse sieben und mit den Knethaken eines Handrührgeräts darunterrühren.

Rosinen, Korinthen, Zitronat, Mandeln, Orangeat und Gewürze dazugeben. Die Pottasche mit der Milch verrühren und zusammen mit dem restlichen Mehl unterkneten. Den Teig über Nacht kalt stellen.

Den Backofen auf 180 °C (Umluft 160 °C) vorheizen. Den Teig in 6 gleich große Teile teilen und auf der bemehlten Arbeitsfläche zu Rollen von 20 cm Länge formen. Die Teigstangen mit genügend Abstand auf 2 mit Backpapier ausgelegte Backbleche setzen und etwas flach drücken. Die Teigstangen auf der mittleren Schiene etwa 25 Minuten backen.

Die Stangen etwas abkühlen lassen und jeweils in etwa 15 Dreiecke schneiden. Für den Guss die Kuvertüre grob hacken und im Wasserbad schmelzen lassen. Die erkalteten Stücke einzeln auf eine Gabel spießen, in die Kuvertüre tauchen, wieder herausheben und über dem Gefäß etwas abtropfen lassen. Dann auf ein Stück Pergamentpapier legen und den Guss fest werden lassen.

Zimtsterne
mit Marzipan

Für ca. 60 Stück
200 g Marzipanrohmasse
4 Eiweiß
300 g Puderzucker
100 g Zucker
4 Tl Zimt
200 g Haselnüsse(gemahlen)
200 g Mandeln (gemahlen)
180 g Puderzucker
1 Tl Zitronensaft

Zubereitungszeit: ca. 1 Stunde
(plus Backzeit)
Pro Stück ca. 100 kcal/420 kJ

Marzipanrohmasse zuerst mit 1 Eiweiß, dann mit Puderzucker, Zucker, Zimt und weiteren 2 Eiweiß verkneten. Haselnüsse und 100 g Mandeln dazugeben und alles zu einem glatten Teig verkneten. Die Arbeitsfläche mit den übrigen Mandeln bestreuen. Den Teig darauf knapp 1 cm dick ausrollen und Sterne (5 cm Ø) ausstechen. Backbleche mit Backpapier belegen und die Zimtsterne daraufsetzen.

Puderzucker mit Zitronensaft und so viel von dem restlichen Eiweiß verrühren, dass eine glatte, dickflüssige Glasur entsteht. Die Zimtsterne damit bestreichen. Auf der 2. Einschubleiste von unten im vorgeheizten Backofen bei 150 °C bis 175 °C (Umluft 130 °C bis 155 °C) etwa 10 Minuten backen, bis die Glasur leicht gebräunt ist.

Marzipanspekulatius
mit Gewürznelken

Für ca. 60 Stück
250 g Mehl
1 Tl Backpulver
150 g Zucker
1 Msp. Salz
1 Tl Zimt
1 Msp. Kardamom (gemahlen)
1 Msp. Gewürznelke (gemahlen)
1 Msp. Muskat
1 Ei
125 g Butter
50 g Marzipanrohmasse
Mehl für die Arbeitsfläche

Zubereitungszeit: ca. 1 Stunde
(plus Kühl- und Backzeit)
Pro Stück ca. 46 kcal/193 kJ

Das Mehl mit dem Backpulver in eine Rührschüssel geben. Zucker, Salz, Gewürze und Ei dazugeben. Die Butter in Stücke schneiden und das Marzipan zerbröseln, beides zu den anderen Zutaten geben.

Die Zutaten mit den Knethaken eines Handrührgerätes gut durcharbeiten. Auf einer bemehlten Arbeitsfläche zu einem glatten Teig verarbeiten. Den Teig 1 bis 2 Stunden kalt stellen.

Den Backofen auf 180 °C (Umluft 160 °C) vorheizen. Den Teig entweder auf einer bemehlten Arbeitsfläche 2 bis 3 mm dick ausrollen und Formen ausstechen oder den Teig in eine gemehlte Modelform drücken, den überstehenden Teig abschneiden und die Plätzchen aus dem Model schlagen. Die Plätzchen auf ein mit Backpapier belegtes Blech setzen. Auf mittlerer Schiene etwa 15 Minuten backen.

Schwarz-Weiß-Gebäck

ganz traditionell

Das Mehl mit dem Backpulver in eine Rührschüssel sieben. Puderzucker, Vanillezucker, Salz und Ei hinzugeben. Die Butter in Stücke schneiden und hinzufügen. Die Zutaten mit den Knethaken eines Handrührgeräts durcharbeiten. Auf einer bemehlten Arbeitsfläche zu einem glatten Teig verkneten.

Für den dunklen Teig Kakao mit gesiebtem Puderzucker und Milch verrühren und unter die Hälfte des Teiges kneten. Die beiden Teige 1 Stunde kalt stellen. Für ein Schneckenmuster den hellen und den dunklen Teig zu gleich großen dünnen Platten ausrollen. 1 Platte dünn mit Eiweiß bestreichen. Die andere Platte darauflegen, ebenfalls mit Eiweiß bestreichen. Die Platten fest zusammenwickeln. Die Teigrolle erneut kalt stellen.

Den Backofen auf 180 °C (Umluft 160 °C) vorheizen. Teigrollen in 1/2 cm dicke Scheiben schneiden, Plätzchen auf ein mit Backpapier belegtes Backblech setzen. Auf der mittleren Schiene etwa 15 Minuten backen.

Für ca. 45 Stück

250 g Mehl
1 Tl Backpulver
125 g Puderzucker
1 P. Vanillezucker
1 Prise Salz
1 Ei
125 g Butter
2 El Kakaopulver
1 El Puderzucker
1 El Milch
2 Eiweiß
Mehl für die Arbeitsfläche

Zubereitungszeit: ca. 45 Minuten
(plus Kühl- und Backzeit)
Pro Stück ca. 54 kcal/226 kJ

Schweizer Batzen

mit Mandeln

Die Mandeln fein mahlen. Eiweiß halb steif schlagen, dann nach und nach den Zucker einrieseln lassen und so lange schlagen, bis der Schaum fest ist und sich der Zucker gelöst hat.

Mandeln mit den Gewürzzutaten mischen und vorsichtig unter die Schaummasse heben. Backofen auf 150 °C (Umluft 130 °C) vorheizen.

Mit 2 in Wasser getauchten Teelöffeln Makronen formen und auf ein mit Backpapier belegtes Backblech setzen. Mit Mandelblättchen bestreuen. Im vorgeheizten Backofen ca. 20 Minuten mehr trocknen als backen.

Für ca. 20 Stück

300 g Mandeln (ungeschält)
3 Eiweiß
300 g Zucker
1 Tl Zimt
abgeriebene Schale von 1/2 unbehandelten Zitrone
40 g Mandelblättchen zum Verzieren

Zubereitungszeit: ca. 10 Minuten
(plus Backzeit)
Pro Stück ca. 162 kcal/678 kJ

Lebzelten
mit Zimt

Für ca. 25 Stück
180 g Mandeln
180 g Rohrzucker
3 Eiweiß
1 El Zimt
50 g Zitronat
etwa 13 rechteckige Oblaten, auf 6 x 2 cm zurechtgeschnitten, oder 25 kleinere runde Oblaten
1–2 El Zitronensaft
100 g Puderzucker oder 1 Beutel Kuchenglasur Zitrone

Zubereitungszeit: ca. 20 Minuten (plus Back- und Abkühlzeit)
Pro Stück ca. 109 kcal/457 kJ

Mandeln überbrühen, kurz ziehen lassen, mit kaltem Wasser abschrecken. Haut abziehen und die Mandeln fein mahlen. Den Zucker in einem Topf schmelzen, die gemahlenen Mandeln dazurühren und so lange erhitzen, bis die Masse dick wird. Dann vom Herd nehmen.

Backofen auf 150 °C (Umluft 130 °C) vorheizen. Eiweiß sehr steif schlagen. Den Zimt und das sehr fein geschnittene Zitronat unter die warme Mandel-Zucker-Masse geben. Alles vorsichtig unter den Eischnee rühren. Auf jede Oblate 1 gehäuften Teelöffel Teig setzen und mit einem in Wasser getauchten Messer gleichmäßig glatt streichen.

Auf ein mit Backpapier belegtes Blech setzen. Im Backofen 25 bis 30 Minuten mehr trocknen als backen, bis die Lebzelten ein wenig aufgegangen sind und die Oberfläche matt glänzt. Nach dem Backen auf einem Kuchengitter abkühlen lassen.

Die Lebzelten danach mit einer Glasur aus Zitronensaft und verrührtem Puderzucker oder fertiger Kuchenglasur bestreichen.

Bethmännchen
mit Mandeln

Für ca. 15 Stück
1 El Honig
200 g Marzipanrohmasse
100 g Mandeln (geschält)
1 Ei

Zubereitungszeit: ca. 25 Minuten (plus Backzeit)
Pro Stück ca. 115 kcal/482 kJ

Den Honig gut mit der Marzipanrohmasse verkneten. Die Masse zu einer Rolle formen und in 15 bis 20 Scheiben schneiden. Die Scheiben zu Kugeln rollen. Mit 3 Fingerspitzen die Kugeln zu Kegeln formen.

Marzipankegel auf ein mit Backpapier belegtes Backblech setzen. Jeweils 3 Mandeln mit der Spitze nach oben an einen Kegel setzen und leicht andrücken. Backofen auf 180 °C (Umluft 160 °C) vorheizen.

Das Ei mit 1 El Wasser verquirlen und die Bethmännchen damit einstreichen. Auf der 3. Einschubleiste von unten 12 bis 14 Minuten backen, bis die Spitzen hellbraun sind.

Buttergebäck
mit Streuseln

Für ca. 150 Stück
500 g Mehl
250 g Butter
200 g Zucker
2 Eier
1 El Rum oder 1 P. Vanillezucker
abgeriebene Schale und Saft von 1 unbehandelten Zitrone
1 Msp. Zimt
1 Eigelb
bunter Zucker, Hagelzucker oder Mandeln (gehackt)
Mehl für die Arbeitsfläche
Fett für das Blech

Zubereitungszeit: ca. 40 Minuten (plus Kühl- und Backzeit)
Pro Stück ca. 32 kcal/134 kJ

Mehl auf die Arbeitsplatte sieben, Butterflöckchen und Zucker darüberstreuen. In die Mitte eine Vertiefung drücken. Eier, Rum oder Vanillezucker, die abgeriebene Zitronenschale und den Zitronensaft sowie Zimt hineingeben. Alles mit einem großen Messer klein hacken, dann rasch zu einem glatten Teig kneten. Vor der Weiterverwendung 30 bis 60 Minuten kalt stellen.

Backofen auf 180 °C bis 200 °C (Umluft 160 °C bis 180 °C) vorheizen. Den Teig auf leicht bemehlter Unterlage ca. 1/2 cm dick ausrollen. Kleine Figuren ausstechen und auf die gefetteten oder mit Backpapier belegten Backbleche legen. Im vorgeheizten Backofen etwa 10 Minuten goldgelb backen.

Die Plätzchen mit Eigelb bepinseln und mit buntem Zucker bzw. Hagelzucker oder gehackten Mandeln bestreuen.

Zimtknusperchen
aus dem Spreewald

Für ca. 30 Stück

2 Eier
200 g grobkörniger Zucker
3 Tl Zimt
1 Msp. Gewürznelken (gemahlen)
65 g fein gehacktes Zitronat
75–100 g Mandeln (gemahlen)
250 g Mehl
2 gestrichene Tl Backpulver
1 Ei
75–100 g Mandeln (halbiert)

Zubereitungszeit: ca. 30 Minuten
(plus Backzeit)
Pro Stück ca. 78 kcal/329 kJ

Für den Teig die Eier mit dem Rührbesen des Handrührers auf höchster Stufe schaumig schlagen, Zucker unterrühren. Zimt, Nelken, Zitronat und gemahlene Mandeln unterrühren. Mehl mit Backpulver mischen, sieben, portionsweise auf mittlerer Stufe unterrühren, später auf der Arbeitsfläche unterkneten.

Den Backofen auf 180 °C (Umluft 160 °C) vorheizen. Den Teig knapp 1/2 cm dick ausrollen, in Rechtecke (etwa 3 x 5 cm) schneiden, auf ein mit Backpapier belegtes Backblech legen. Im Backofen 12 bis 15 Minuten backen.

Zum Bestreichen und Garnieren 1 kleines Ei verschlagen, die Teigrechtecke damit bestreichen und mit abgezogenen, halbierten Mandeln garnieren. Die erkalteten Zimtknusperchen in gut schließende Dosen geben und etwa 10 Tage durchziehen lassen.

Marzipankipferl
mit Zartbitterkuvertüre

Für ca. 40 Stück

250 g Marzipanrohmasse
120 g Zucker
1 Eiweiß
1/2 Tl abgeriebene Schale von 1 unbehandelten Zitrone
einige Tropfen Bittermandelaroma
80 g Zartbitterkuvertüre

Zubereitungszeit: ca. 30 Minuten
(plus Backzeit)
Pro Stück ca. 66 kcal/277 kJ

Marzipanrohmasse, Zucker, Eiweiß, Zitronenschale und Bittermandelaroma in eine Schüssel geben. Mit dem Knethaken des Handrührgeräts zu einem glatten Teig verkneten. Den Backofen auf 180 °C (Umluft 160 °C) vorheizen. Mit angefeuchteten Händen kleine Kipferl formen. Die Marzipankipferl auf ein mit Backpapier belegtes Backblech setzen. Auf der mittleren Schiene etwa 15 Minuten backen.

Die Kipferl auskühlen lassen. Die Kuvertüre hacken und im warmen Wasserbad schmelzen. Die Marzipankipferl mit ihren Spitzen in die Kuvertüre tauchen. Anschließend gut abtropfen lassen und auf Backpapier legen und die Kuvertüre fest werden lassen.

Brabanzerl
mit Johannisbeergelee

Für ca. 30 Stück
125 g Zartbitterschokolade
175 g Mehl
50 g Zucker
1 Prise Salz
50 g Mandeln (gemahlen)
125 g Butter
10 El Johannisbeergelee
10 g Pflanzenfett
ca. 15 Mandeln (halbiert)
Mehl für die Arbeitsfläche
Fett für das Blech

Zubereitungszeit: ca. 40 Minuten
(plus Kühl- und Backzeit)
Pro Stück ca. 93 kcal/389 kJ

50 g Schokolade in Stücke brechen, mit kochendem Wasser übergießen. Nach etwa 1 Minute Wasser wieder abgießen. Mehl, Zucker, Salz, Mandeln, Butter und weiche Schokolade vermengen und rasch zu einem glatten Teig verkneten. Über Nacht kalt stellen.

Den Teig auf der bemehlten Arbeitsfläche in mehreren Partien 3 mm dick ausrollen – den restlichen Teig wieder kalt stellen – und kleine runde Plätzchen ausstechen. Auf ein gefettetes Backblech legen und nochmals kalt stellen. In der Zwischenzeit den restlichen Teig ebenso verarbeiten.

Im vorgeheizten Ofen bei 200 °C (Umluft 180 °C) ca. 5 bis 7 Minuten backen. Noch warm jeweils 2 Plätzchen mit Johannisbeergelee zusammensetzen, abkühlen lassen.

Für die Glasur die restliche Schokolade und Fett schmelzen. Die Plätzchen damit bestreichen. Mit Mandelhälften verzieren.

Mürbchen
mit Vanille

Für ca. 50 Stück
2 Eigelb
1 Prise Salz
300 g Mehl
Mark von 1/2 Vanilleschote
oder 1 P. Vanillezucker
150 g feiner Zucker
150 g Margarine oder Butter
2 Eigelb zum Bestreichen
Mehl für die Arbeitsfläche
Fett für das Blech

Zubereitungszeit: ca. 40 Minuten
(plus Kühl- und Backzeit)
Pro Stück ca. 60 kcal/252 kJ

Eigelb mit Salz verrühren und zugedeckt etwa 1 Stunde ruhen lassen (auf diese Weise verstärkt sich der natürliche gelbe Farbton). Mehl auf die Arbeitsfläche sieben, in die Mitte eine Vertiefung drücken. Das Eigelb hineingeben, Vanillemark oder Vanillezucker mit dem Zucker mischen und ebenfalls dazugeben. Das kalte Fett in Flöckchen auf dem Mehl verteilen. Alle Zutaten rasch zu einem glatten Teig verkneten und 30 Minuten kalt stellen.

Den Backofen auf 180 °C (Umluft 160 °C) vorheizen. Den Teig wieder durchkneten und auf bemehlter Arbeitsfläche dünn ausrollen. Plätzchen in verschiedenen Formen ausstechen und diese mit dem Eigelb bestreichen. Kurz antrocknen lassen, wieder mit Eigelb bestreichen und nochmals leicht antrocknen lassen. Auf ein gefettetes Backblech setzen und im vorgeheizten Backofen 10 bis 15 Minuten nur hellgelb backen.

Vanillekipferl
ganz traditionell

Für ca. 140 Stück

300 g Mehl
140 g Zucker
1 Prise Salz
4 Eigelb
Mark von 1 Vanilleschote
300 g Mandeln (gemahlen)
300 g Butter
200 g Zucker und
2 P. Vanillezucker zum Wälzen
Fett und Mehl fürs Blech

Zubereitungszeit: ca. 50 Minuten
(plus Kühl- und Backzeit)
Pro Stück ca. 49 kcal/206 kJ

Das Mehl auf die Arbeitsfläche sieben und in die Mitte eine Mulde drücken. Zucker, Salz, Eigelb und das Mark der Vanilleschote in die Mulde geben. Die gemahlenen Mandeln und das Fett in Flöckchen auf dem Mehlrand verteilen. Alle Zutaten zu einem glatten Teig verarbeiten. 4 Rollen von etwa 35 cm Länge formen. 30 Minuten kühl stellen.

Backbleche dünn fetten und leicht mit Mehl bestäuben oder mit Backpapier auslegen. Aus jeder Teigrolle 30 bis 35 Scheiben schneiden. Den Backofen auf 200 °C (Umluft 180 °C) vorheizen. Jede Scheibe zu einer Wurst rollen und zu einem Kipferl formen. Mit Abstand auf das Blech setzen. Im Backofen auf der mittleren Einschubleiste 10 bis 15 Minuten backen. Die Kipferl dürfen nur am Rand leicht braun sein. Zucker und Vanillezucker mischen. Die noch heißen Kipferl vom Blech lösen und ganz vorsichtig im Zucker wälzen. Die Kipferl auskühlen lassen und vorsichtig in Blechdosen legen.

Spritzgebäck
mit Glasur

Für ca. 70 Stück

125 g Butter
250 g Zucker
1 P. Vanillezucker
Mark von 1/2 Vanilleschote
abgeriebene Schale von
1 unbehandelten Zitrone
2 Eier
125 g Mandeln (gemahlen)
350 g Mehl
2 Beutel Kuchenglasur
(à 100 g)
Fett und Mehl fürs Blech

Zubereitungszeit: ca. 40 Minuten
(plus Kühl- und Backzeit)
Pro Stück ca. 57 kcal/239 kJ

Die Butter sehr schaumig rühren. Zucker, Vanillezucker, Vanillemark und Zitronenschale dazugeben und so lange rühren, bis der Zucker sich aufgelöst hat. Die Eier nacheinander unterrühren. Dann die Mandeln und danach das gesiebte Mehl unterheben.

Backbleche dünn fetten und mit Mehl bestäuben. Den Teig portionsweise in einen Spritzbeutel mit großer Sterntülle (Nr. 8) füllen und etwa 6 cm lange Streifen auf die Bleche spritzen. 1 Stunde kalt stellen, dann im vorgeheizten Backofen bei 200 °C (Umluft 180 °C) auf der mittleren Einschubleiste 10 bis 15 Minuten goldgelb backen. Auf Kuchengittern auskühlen lassen.

Die Kuchenglasur erwärmen. Das Spritzgebäck etwa 2 cm tief eintauchen und anschließend die Glasur fest werden lassen.

Locker-leicht & nussig

Schokoschäumchen
mit Halbbitterkuvertüre

Das Eiweiß mit den Quirlen des Handrührers zu steifem Schnee schlagen. Unter ständigem Schlagen nach und nach 2/3 des Zuckers einrieseln lassen, dann den restlichen, mit dem Kakao vermischten Zucker unterheben. So lange weiterschlagen, bis sich der Zucker aufgelöst und sich eine schnittfeste, glänzende Masse gebildet hat.

Backofen auf 125 °C (Umluft 105 °C) vorheizen. Die Baisermasse in einen Spritzbeutel mit großer Lochtülle (Nr. 8) füllen und auf mit Backpapier belegte Backbleche etwa 150 kleine Kreise spritzen. Im Backofen auf der 2. Einschubleiste von oben etwa 1 Stunde 30 Minuten (Umluft 1 Stunde) trocknen lassen.

Für die Füllung die Sahne aufkochen. 120 g Kuvertüre in kleine Stücke schneiden und in der Sahne schmelzen lassen. Amaretto zugeben und die Masse 1 Stunde abgedeckt kühl stellen. Dann die Masse mit den Quirlen des Handrührers schaumig schlagen, je 2 Baisers damit zusammenkleben, 1 Stunde kalt stellen.

Für die Glasur die restliche Kuvertüre im Wasserbad auflösen. Jeweils eine Hälfte des Gebäcks in die Kuvertüre tauchen, abtropfen lassen und in die Mandeln drücken.

Für ca. 75 Stück

7 Eiweiß
400 g Zucker
15 g Kakaopulver
60 ml Sahne
320 g Halbbitterkuvertüre
2 El Amaretto
200 g Mandeln (gehackt, geröstet)

Zubereitungszeit: ca. 1 Stunde (plus Back- und Kühlzeit)
Pro Stück ca. 69 kcal/290 kJ

Haselnussmakronen
mit Schokoguss

Für ca. 45 Stück
300 g Haselnüsse
6 Eiweiß (etwa 1/4 l)
400 g Zucker
Mark von 2 Vanilleschoten
1 Tl dünn abgeriebene Schale von 1 unbehandelten Zitrone
1 Prise Salz
1 El Mehl
1 El Kakaopulver
ca. 45 Backoblaten (5 cm Ø)
150 g dunkle Kuchenglasur
200 g Halbbitterkuvertüre

Zubereitungszeit: ca. 1 Stunde (plus Backzeit)
Pro Stück ca. 141 kcal/592 kJ

Die Haselnüsse auf einem Backblech im vorgeheizten Backofen bei 200 °C (Umluft 180 °C) auf der mittleren Einschubleiste 6 bis 9 Minuten rösten. Die Kerne in ein Sieb schütten, abkühlen lassen, die Häutchen abreiben. 250 g Haselnüsse durch die Mandelmühle drehen.

Backofen auf 160 °C (Umluft 140 °C) schalten. Die gemahlenen Nüsse, Eiweiß, Zucker, Vanillemark, Zitronenschale, Salz, Mehl und Kakao in einen möglichst breiten Topf geben. Bei mittlerer Hitze ca. 10 Minuten erhitzen, aber nicht kochen. Ständig mit einem Holzspatel umrühren. Die Oblaten im Abstand von 3 bis 4 cm auf dem Backblech verteilen.

Die ausgekühlte Makronenmasse in einen Spritzbeutel mit mittelgroßer Lochtülle füllen und in die Mitte der Oblaten ein Häufchen spritzen. Im Backofen auf der 2. Einschubleiste von unten etwa 20 Minuten backen. Danach auskühlen lassen.

Kuchenglasur und Kuvertüre zerkleinern und im warmen Wasserbad auflösen. Auf jede Makrone 1 ganze Haselnuss setzen, dann die Makronen mit der Schokolade bestreichen

Amaretti
mit Schokolade

Für ca. 30 Stück
50 g Zartbitterschokolade
200 g Mandeln (gemahlen)
125 g Zucker
1 Tl Vanillezucker
2 Eiweiß
1 Prise Salz
3 Tropfen Bittermandelaroma
Puderzucker zum Bestäuben

Zubereitungszeit: ca. 40 Minuten (plus Backzeit)
Pro Stück ca. 64 kcal/268 kJ

Schokolade fein reiben und zusammen mit den Mandeln, dem Zucker und dem Vanillezucker in eine Schüssel geben.

Das Eiweiß mit dem Salz steif schlagen und mit dem Bittermandelaroma zu den anderen Zutaten geben. Alles zu einem festen Teig verarbeiten. Den Backofen auf 175 °C (Umluft 155 °C) vorheizen.

Mithilfe von 2 Teelöffeln kleine Häufchen auf ein mit Backpapier ausgelegtes Backblech geben. Im Backofen ca. 10 Minuten backen. Auf einem Kuchengitter abkühlen lassen und mit Puderzucker bestäuben.

Mandelküsschen

mit Schokolade

Backofen auf 170 °C (Umluft 150 °C) vorheizen. Das Eiweiß mit den Quirlen des Handrührers zu sehr steifem Schnee schlagen. Den Puderzucker, die Zitronenschale, Mandelstifte und geriebene Schokolade darunterheben.

Mit einem Esslöffel aus der Masse kleine Häufchen abstechen und auf die Oblaten setzen. Mit den Mandelstiften bestreuen und im heißen Ofen auf der mittleren Einschubleiste ca. 10 bis 15 Minuten backen.

Für ca. 30 Stück

4 Eiweiß

160 g Puderzucker

abgeriebene Schale von 1 unbehandelten Zitrone

120 g Mandelstifte

80 g Zartbitterschokolade (gerieben)

ca. 30 kleine Oblaten

ca. 30 g Mandelstifte

Zubereitungszeit: ca. 20 Minuten (plus Backzeit)
Pro Stück ca. 66 kcal/277 kJ

Mause-Eckerl

mit Mandeln

Das Mehl in eine Schüssel sieben, Fett, Sahne und Backpulver dazugeben und alles mit den Knethaken des Handrührers zu einem glatten Teig verkneten. Etwa 30 Minuten im Kühlschrank ruhen lassen.

Für die Makronenmasse das Eiweiß sehr steif schlagen. Mandeln oder Haselnüsse und Puderzucker vermengen und vorsichtig unter den Eischnee heben.

Backofen auf 175 °C (Umluft 155 °C) vorheizen. Den Mürbeteig auf der bemehlten Arbeitsfläche dünn ausrollen und Dreiecke von 4 cm Seitenlänge ausradeln oder ausschneiden. Die Teigstücke auf ein gefettetes Backblech legen und auf jedes Dreieck 1 Teelöffel Schaummasse setzen. Im vorgeheizten Backofen etwa 10 bis 15 Minuten backen.

Für ca. 30 Stück

150 g Mehl

75 g Butter

1 El Sahne

1 Msp. Backpulver

2 Eiweiß

80 g Mandeln oder Haselnüsse (gemahlen)

120 g Puderzucker

Mehl für die Arbeitsfläche

Fett für das Blech

Zubereitungszeit: ca. 30 Minuten (plus Kühl- und Backzeit)
Pro Stück ca. 69 kcal/290 kJ

Karamellhütchen
mit Haselnüssen

Für ca. 35 Stück

125 g Butter
Salz
150 g Puderzucker
1 Ei
abgeriebene Schale von 1 unbehandelten Zitrone
250 g Mehl
75 g Marzipanrohmasse
4 El Milch
4 El Sahne
60 g Haselnüsse (gehackt)
100 g Aprikosenkonfitüre
1 El Zitronensaft
35 Haselnüsse (ganz) (ca. 40 g)
Mehl für die Arbeitsfläche

Zubereitungszeit: ca. 1 Stunde (plus Kühl- und Backzeit)
Pro Stück ca. 112 kcal/471 kJ

Fett, 1 Prise Salz und 75 g Puderzucker mit den Knethaken des Handrührers zu einer glatten Masse verrühren. Ei und Zitronenschale unterrühren, das Mehl kurz unterkneten. In Folie gewickelt 2 Stunden kalt stellen.

Marzipanrohmasse zerkrümeln, mit der Milch zu einer glatten Creme verrühren. Restlichen Puderzucker bei mittlerer Hitze unter Rühren goldbraun karamellisieren lassen. Mit der Sahne ablöschen und kochen, bis sich der Karamell gelöst hat. Dann mit den gehackten Nüssen unter die Marzipanmasse rühren und abkühlen lassen.

Teig auf einer bemehlten Fläche ca. 3 mm dick ausrollen. Gezackte Kreise von 6,5 cm Ø ausstechen. Je 1/2 Tl Nussmasse auf die Mitte der Kreise geben. Teig über der Füllung so zusammendrücken, dass kleine Dreiecke entstehen.

Die Plätzchen auf mit Backpapier belegte Bleche setzen und im vorgeheizten Backofen bei 175 °C (Umluft 10 Minuten bei 155 °C) auf der 3. Einschubleiste von unten 12 bis 15 Minuten backen.

Aprikosenkonfitüre und Zitronensaft erwärmen, die Hütchen damit glasieren und jeweils 1 Haselnuss daraufsetzen.

Nusskugeln
mit Aprikosenkonfitüre

Das Mehl auf die Arbeitsplatte sieben. Die Butter in Stückchen, Eigelb und Zucker dazugeben und mit einem großen Messer durchhacken. Danach zu einem glatten Teig verkneten. Aus dem Teig auf einer bemehlten Arbeitsfläche Rollen von 3 cm Ø formen. Die Rollen in Frischhaltefolie wickeln und etwa 30 Minuten kühl stellen.

Von den Teigrollen anschließend etwa 1 cm dicke Scheiben abschneiden, zu Kugeln formen, im verquirlten Eiweiß wenden. Die gehackten Nüsse mit dem Zucker mischen und die Teigkugeln darin wenden.

Backofen auf 200 °C (Umluft 180 °C) vorheizen. Die Nusskugeln auf ein mit Backpapier ausgelegtes Backblech setzen. In die Mitte der Kugeln eine kleine Mulde drücken. Die Konfitüre glatt rühren und in die Mulden füllen. Die Plätzchen im vorgeheizten Backofen auf der mittleren Einschubleiste etwa 10 bis 15 Minuten backen.

Für ca. 25 Stück

150 g Mehl
100 g Butter
1 Eigelb
50 g Zucker
1 Eiweiß
40 g Haselnüsse (gehackt)
30 g Zucker
2 El Aprikosenkonfitüre
Mehl für die Arbeitsfläche

Zubereitungszeit: ca. 40 Minuten
(plus Kühl- und Backzeit)
Pro Stück ca. 83 kcal/349 kJ

Zimtbällchen
mit Haselnüssen

Eiweiß steif schlagen. Puderzucker und Vanillezucker einrieseln lassen, dabei ständig weiterschlagen. Etwa 4 Esslöffel von der Eischneemasse beiseitestellen. Zimt und gemahlene Haselnüsse unter den restlichen Eischnee heben.

Masse mit nassen Händen zu walnussgroßen Kugeln formen. Auf mit Backpapier ausgelegte Bleche setzen und mit einem Holzlöffelstiel eine kleine Delle eindrücken.

Die Bällchen mit dem restlichen Eischnee bestreichen und je 1 Haselnuss in die Vertiefungen setzen. Im vorgeheizten Backofen bei 125 °C (Umluft 105 °C) etwa 25 bis 30 Minuten backen. Auf Kuchengittern abkühlen lassen.

Für ca. 50 Stück

3 Eiweiß
250 g Puderzucker
1 P. Vanillezucker
1 Tl Zimt
300 g Haselnüsse (gemahlen)
ca. 50 Haselnüsse (ganz)

Zubereitungszeit: ca. 15 Minuten
(plus Backzeit)
Pro Stück ca. 67 kcal/281 kJ

Feigenmakronen
mit getrockneten Aprikosen

Für ca. 40 Stück

100 g getrocknete Feigen

40 g getrocknete Aprikosen

3 Eiweiß

250 g Puderzucker

200 g Mandeln (abgezogen, gemahlen)

1 Tl abgeriebene Schale von 1 unbehandelten Zitrone

1 Msp. Zimt

Zubereitungszeit: ca. 30 Minuten (plus Trocken- und Backzeit)
Pro Stück ca. 65 kcal/273 kJ

Die Feigen und Aprikosen in feine Würfel schneiden. Das Eiweiß steif schlagen. Den gesiebten Puderzucker einrieseln lassen.

Feigen, Aprikosen, Mandeln, Zitronenschale und Zimt vorsichtig unterheben. Mit 2 Teelöffeln Häufchen auf ein mit Backpapier ausgelegtes Backblech setzen, Makronen etwa 2 Stunden abtrocknen lassen.

Den Backofen auf 150 °C (Umluft 130 °C) vorheizen. Etwa 20 Minuten auf der mittleren Schiene backen. Die Makronen sollen außen knusprig und innen weich sein. Auf einem Kuchengitter auskühlen lassen.

Zedernbrot
mit Mandeln

Für ca. 20 Stück

2 Eiweiß

abgeriebene Schale und Saft von 1/2 unbehandelten Zitrone

250 g Zucker

300 g Mandeln (gemahlen)

125 g Puderzucker

3–4 El Zitronensaft

Zucker für die Arbeitsfläche

Fett für das Blech

Zubereitungszeit: ca. 40 Minuten (plus Kühl- und Backzeit)
Pro Stück ca. 166 kcal/695 kJ

Das Eiweiß ganz steif schlagen, Zitronenschale und Zitronensaft zum Schluss zufügen und kurz mitschlagen. Zucker und Mandeln untermischen und einen formbaren Teig daraus kneten. Wenn der Teig zu klebrig ist, noch etwas Zucker und gemahlene Mandeln oder ganz wenig Mehl zufügen. In Folie gewickelt 1 Stunde im Kühlschrank ruhen lassen.

Backofen auf 160 °C (Umluft 140 °C) vorheizen. Den Teig auf der gezuckerten Arbeitsfläche knapp 1/2 cm dick ausrollen. Halbmonde ausstechen. Die Form dabei immer wieder in Zucker tauchen, damit der Teig nicht daran kleben bleibt.

Die Monde auf ein gefettetes oder mit Backpapier ausgelegtes Backblech legen. Im vorgeheizten Ofen etwa 15 bis 20 Minuten mehr trocknen als backen. Den Puderzucker mit so viel Zitronensaft glatt rühren, dass eine dickflüssige Masse entsteht. Die Monde damit bestreichen und trocknen lassen.

Nussbaisers
mit Nougat

Eiweiß leicht aufschlagen, nach und nach den Puderzucker einrieseln lassen und das Eiweiß zu steifem Schnee schlagen. Dann die Speisestärke unterrühren. Die gemahlenen Nüsse mit dem Zimt mischen und mit dem Schneebesen unter den Eischnee ziehen.

Die Baisermasse in einen Spritzbeutel mit kleiner Lochtülle füllen und etwa 100 kleine Häufchen (ca. 3 cm Ø) auf 2 mit Backpapier belegte Backbleche spritzen. Auf der mittleren Einschubleiste im vorgeheizten Backofen etwa 10 Minuten bei 175 °C (Umluft 155 °C) backen. Die Baisers auf einem Kuchengitter auskühlen lassen.

Nougat im warmen Wasserbad schmelzen. Die Hälfte der Baisers auf der Unterseite damit bestreichen, ein 2. Baiser dagegensetzen. Kuvertüre und Kuchenglasur grob zerkleinern und im warmen Wasserbad schmelzen. Gut miteinander verrühren. Die zusammengesetzten Baisers zur Hälfte in die Glasur tauchen, abtropfen lassen. Die Glasur fest werden lassen.

Für ca. 50 Stück
5 Eiweiß
250 g Puderzucker
20 g Speisestärke
150 g Haselnüsse (gemahlen)
1 Tl Zimt
100 g Nougat
80 g Halbbitterkuvertüre
80 g dunkle Kuchenglasur

Zubereitungszeit: ca. 40 Minuten
(plus Backzeit)
Pro Stück ca. 42 kcal/176 kJ

Kokosmakronen
mit Schokofüßchen

Den Backofen auf 140 °C (Umluft 120 °C) vorheizen. Das Eiweiß steif schlagen. Den Zucker dabei nach und nach einrieseln lassen. Vanillezucker, Salz, Zimt und Kokosraspeln vorsichtig unterheben.

Mit 2 Teelöffeln kleine Häufchen auf ein mit Backpapier belegtes Backblech setzen. Auf mittlerer Schiene etwa 30 Minuten backen. Die Makronen auf einem Kuchengitter auskühlen lassen.

Die Kuvertüre grob hacken und im warmen Wasserbad schmelzen lassen. Die Unterseite der Kokosmakronen in die Kuvertüre tauchen, Makronen auf Pergamentpapier setzen und trocknen lassen.

Für ca. 60 Stück
4 Eiweiß
200 g Zucker
1 P. Vanillezucker
1 Prise Salz
1 Msp. Zimt
250 g Kokosraspel
100 g Zartbitterkuvertüre

Zubereitungszeit: ca. 30 Minuten
(plus Backzeit)
Pro Stück ca. 49 kcal/205 kJ

Walnussbällchen
mit Marzipan

Für ca. 50 Stück
200 g kalte Butter
400 g Mehl
150 g Zucker
1 kräftige Prise Salz
1 Ei
200 g Walnusshälften
100 g Marzipanrohmasse
100 g rotes Johannisbeergelee
100 g Zartbitterkuvertüre
1 El Kokosfett

Zubereitungszeit: ca. 1 Stunde
(plus Kühl- und Backzeit)
Pro Stück ca. 123 kcal/517 kJ

Für den Mürbeteig die Butter in kleine Stücke schneiden. Mit Mehl, Zucker, Salz und Ei in eine Schüssel geben und zunächst mit den Knethaken des Handrührers, dann mit den Händen zu einem glatten Teig verkneten. Den Teig in Klarsichtfolie wickeln und für mindestens 1 Stunde kalt stellen. Backofen auf 200 °C (Umluft 180 °C) vorheizen.

Für die Füllung 100 g Walnüsse hacken. Marzipan zuerst würfeln, dann mit einer Gabel fein zerdrücken. Mit den gehackten Walnüssen und dem Johannisbeergelee mischen.

Mürbeteig zu etwa 50 kleinen Kugeln rollen. Kugeln mit den Fingern flach drücken und mit 1/2 Tl Walnussmischung füllen. Kugeln wieder schließen und zwischen den Händen rollen. 1 Walnusshälfte auf jede Kugel drücken.

Die Kugeln auf mit Backpapier ausgelegte Backbleche legen und im Backofen etwa 20 Minuten backen. Plätzchen zum Abkühlen auf ein Kuchengitter legen.

Für die Verzierung die Kuvertüre hacken und zusammen mit dem Kokosfett im heißen Wasserbad schmelzen lassen. Glasur in einen Spritzbeutel mit kleiner Lochtülle füllen (oder einen Gefrierbeutel nehmen und eine kleine Ecke davon abschneiden). Walnusskugeln mit der Glasur streifenförmig verzieren und trocknen lassen.

Nuss-Spiralen
mit Zimt

Mehl auf die Arbeitsfläche sieben und in die Mitte eine Mulde drücken. Butter in Flöckchen auf den Mehlrand setzen. Puderzucker, 1 Eigelb und Salz in die Mulde geben. Alle Zutaten grob durchhacken und zu einem glatten Teig verkneten. Ein Drittel mit Haselnüssen, Zimt, Kakaopulver und 1 Eigelb verkneten.

Den hellen Teig auf der bemehlten Arbeitsfläche 4 mm dick zu einem Rechteck ausrollen. Den dunklen Teig zu einem etwas kleineren Rechteck ausrollen. Den hellen Teig mit etwas Eiweiß bepinseln. Den dunklen Teig auf ein Nudelholz wickeln, auf dem hellen Teig wieder abwickeln und etwas andrücken.

Das Rechteck mit den beiden Teigschichten der Länge nach halbieren. Jedes Stück von der Längsseite her zu einer Rolle formen. Die Rollen mit Eiweiß bepinseln und in den Haselnüssen wälzen. Beide Rollen 30 Minuten kühl stellen. Ofen auf 200 °C (Umluft 180 °C) vorheizen.

Die Teigrollen in 1/2 cm dicke Scheiben schneiden, diese auf mit Backpapier belegte Backbleche legen. Auf der mittleren Einschubleiste ca. 10 Minuten backen.

Für ca. 60 Stück
200 g Mehl
160 g Butter
50 g Puderzucker
2 Eigelb
1 Prise Salz
35 g Haselnüsse (gemahlen)
1/2 Tl Zimt
1 Tl Kakaopulver
2 Eiweiß
30 g Haselnüsse (gehobelt)
Mehl für die Arbeitsfläche

Zubereitungszeit: ca. 30 Minuten
(plus Kühl- und Backzeit)
Pro Stück ca. 44 kcal/185 kJ

Makronen
mit Cranberries

Für ca. 40 Stück
100 g getrocknete Cranberries
3 Eiweiß
Salz
120 g Zucker
1 Tl Zitronensaft
80 g Mandeln (gemahlen)
ca. 40 Backoblaten (5 cm Ø)
100 g Preiselbeerkonfitüre

Zubereitungszeit: ca. 30 Minuten
(plus Back-, Auskühl- und Trockenzeit)
Pro Stück ca. 38 kcal/159 kJ

Cranberries sehr fein hacken. Das Eiweiß mit 1 Prise Salz, dem Zucker und dem Zitronensaft mit den Quirlen des Handrührers über einem heißen Wasserbad steif schlagen, bis die Masse fest und warm ist. Dann die Masse in ein eiskaltes Wasserbad stellen und so lange weiterschlagen, bis die Masse kalt ist. Anschließend behutsam und zügig Cranberries und Mandeln unterrühren. Backofen auf 150 °C (Umluft 130 °C) vorheizen.

Masse in einen Spritzbeutel mit großer Lochtülle füllen. Backoblaten auf Bleche legen, die Masse daraufspritzen. Nacheinander im Backofen auf der untersten Schiene 15 Minuten backen. Herausnehmen und vollständig abkühlen lassen. Die Konfitüre ca. 1 Minute kochen, dann durch ein feines Sieb streichen und ebenfalls auskühlen lassen. Die Masse in einen Spritzbeutel füllen und die Makronen mit roten Punkten verzieren. Alles trocknen lassen, dann luftdicht verpacken.

Pressburger Kipferl
mit Nüssen

Für ca. 30 Stück
150 g Mehl
75 g Butter
1 El Sahne
1 Msp. Backpulver
2 Eiweiß
80 g Mandeln oder Haselnüsse (gemahlen)
120 g Puderzucker
Mehl für die Arbeitsfläche
Fett für das Blech

Zubereitungszeit: ca. 40 Minuten
(plus Kühl- und Backzeit)
Pro Stück ca. 69 kcal/291 kJ

Das Mehl in eine Schüssel sieben. Butter, Sahne und Backpulver dazugeben und alles mit den Knethaken des Handrührers zu einem glatten Teig verkneten. Etwa 30 Minuten im Kühlschrank ruhen lassen.

Backofen auf 175 °C (Umluft 155 °C) vorheizen. Für die Makronenmasse das Eiweiß sehr steif schlagen. Mandeln oder Haselnüsse und Puderzucker vermengen und vorsichtig unter den Eischnee heben. Dann den Mürbeteig auf der bemehlten Arbeitsfläche dünn ausrollen und Dreiecke von etwa 4 cm Seitenlänge ausradeln oder ausschneiden.

Die Teigstücke auf ein gefettetes Backblech legen und auf jedes Dreieck 1 Teelöffel Schaummasse setzen. Im vorgeheizten Backofen ca. 10 Minuten backen.

Walnusstaler
mit Vanillezucker

Mehl, Stärke und Backpulver in eine Schüssel sieben. Fett in Flöckchen, Zucker, Vanillezucker, Backaroma, Ei und gemahlene Walnüsse dazugeben. Mit den Knethaken des Handrührers zu einem glatten Teig verkneten.

Den Teig zu 2 Rollen von 20 cm Länge formen. Abgedeckt 4 Stunden kalt stellen. Die Rollen in ca. 1/2 cm dünne Scheiben schneiden. Auf Bleche mit Backpapier setzen. Mit Eiweiß bestreichen, mit je 1 Walnusshälfte belegen.

Walnusstaler im vorgeheizten Backofen bei 200 °C (Umluft 8 bis 10 Minuten bei 180 °C) auf der 2. Einschubleiste von unten 12 Minuten backen. Ausgekühlt in Dosen verpacken.

Für ca. 80 Stück
180 g Mehl
70 g Speisestärke
1 Tl Backpulver
125 g Butter
120 g Zucker
1 P. Vanillezucker
3 Tropfen Bittermandelaroma
1 Ei
100 g Walnüsse (gemahlen)
1 Eiweiß
ca. 80 Walnusshälften (ca. 200 g)

Zubereitungszeit: ca. 40 Minuten
(plus Kühl- und Backzeit)
Pro Stück ca. 55 kcal/231 kJ

Granatsplitter
mit Rum

Mehl in eine Rührschüssel sieben. Backpulver, Zucker und 1 P. Vanillezucker untermischen. Die Butter in Stücke geschnitten dazugeben und Rumaroma und Milch hinzufügen. Das Ganze zu einem glatten Teig verkneten und kühl stellen.

Den Backofen auf 180 °C (Umluft 160 °C) vorheizen. Den Teig auf einer bemehlten Arbeitsfläche 1/2 cm dick ausrollen. Mit einem runden Ausstechförmchen (4 cm Ø) Plätzchen ausstechen und diese auf ein mit Backpapier belegtes Blech setzen. Auf der mittleren Schiene etwa 10 Minuten backen.

Das Kokosfett schmelzen und abkühlen lassen. Puderzucker, Kakao, restlichen Vanillezucker, Rum und Ei unterrühren. Die Mandelstifte unter die Kakaomasse rühren. Die Masse bergförmig auf die runden Plätzchen streichen.

Die Kuvertüre im warmen Wasserbad schmelzen, die Granatsplitter auf der Oberseite damit überziehen und trocknen lassen.

Für ca. 45 Stück
150 g Mehl
1 Tl Backpulver
50 g Zucker
2 P. Vanillezucker
50 g Butter
4 Tropfen Rumaroma
4 El Milch
125 g Kokosfett
65 g Puderzucker
3 El Kakaopulver
1 P. Vanillezucker
1 El Rum
1 Ei
75 g Mandelstifte
400 g Kuvertüre
Mehl für die Arbeitsfläche

Zubereitungszeit: ca. 45 Minuten
(plus Kühl- und Backzeit)
Pro Stück ca. 111 kcal/466 kJ

Gefüllte Nusstaler

mit Sauerkirschkonfitüre

Für ca. 100 Stück
200 g Mehl
125 g Haselnüsse (gemahlen)
1 Ei
100 g Zucker
1 P. Vanillezucker
1 Prise Salz
125 g Butter
125 g Sauerkirschkonfitüre
100 g Halbbitterkuvertüre
150 g dunkle Kuchenglasur
80 g Puderzucker
2–3 El Kirschwasser
1 Eiweiß
ein paar Tropfen rote Lebensmittelfarbe
ca. 100 Walnusshälften
Mehl für die Arbeitsfläche

Zubereitungszeit: ca. 40 Minuten (plus Kühl- und Backzeit)
Pro Stück ca. 57 kcal/239 kJ

Mehl und Haselnüsse mischen und auf die Arbeitsfläche schütten. Ei, Zucker, Vanillezucker, Salz und Butter in Flöckchen dazugeben und alles zu einem glatten Teig verkneten. Den Teig zu einer Kugel formen, in Folie wickeln und 1 Stunde kühl stellen.

Den Teig portionsweise auf der bemehlten Arbeitsfläche 3 bis 4 mm dick ausrollen und mit einem runden gezackten Ausstecher (4 cm Ø) Plätzchen ausstechen. Backofen auf 200 °C (Umluft 180 °C) vorheizen. Die Plätzchen auf mit Backpapier belegte Backbleche legen und im Backofen auf der mittleren Einschubleiste etwa 10 Minuten backen.

Die Sauerkirschkonfitüre pürieren oder durch ein Sieb streichen, jeweils 2 Plätzchen damit zusammenkleben. Kuvertüre und Kuchenglasur grob zerteilen und im warmen Wasserbad schmelzen. Den Puderzucker mit Kirschwasser, Eiweiß und 2 bis 3 Tropfen Lebensmittelfarbe zu einer dickflüssigen Glasur verrühren.

Die Hälfte der Plätzchen mit der Schokoladenglasur, die andere Hälfte mit der Kirschwasserglasur bestreichen, jeweils 1 Walnusshälfte daraufsetzen.

Mandeldreiecke
mit Johannisbeergelee

Für ca. 60 Stück
300 g Mehl
250 g Butter
200 g Zucker
1 Ei
4 El Johannisbeergelee
100 ml Sahne
100 g Mandelstifte
200 g weiße Kuvertüre
Mehl für die Arbeitsfläche

Zubereitungszeit: ca. 45 Minuten
(plus Kühl- und Backzeit)
Pro Stück ca. 67 kcal/281 kJ

Das Mehl in eine Schüssel sieben. 200 g Butter in Stücke schneiden und dazugeben. 100 g Zucker und Ei ebenfalls hinzufügen und alles zu einem glatten Teig verkneten. Den Teig etwa 1 Stunde kühl stellen.

Den Backofen auf 200 °C (Umluft 180 °C) vorheizen. Teig auf einer bemehlten Arbeitsfläche dünn ausrollen, auf einem mit Backpapier belegten Blech ausbreiten. Dann mit dem Gelee dünn bestreichen.

Die restliche Butter mit der Sahne und dem restlichen Zucker unter Rühren erwärmen. Die Mandelstifte einstreuen und das Ganze zu einer dickflüssigen Paste einkochen lassen. Die Mandelpaste lauwarm auf dem Teig verteilen. Auf der mittleren Stufe etwa 15 Minuten backen. Das Ganze noch warm in Rauten schneiden. Die Kuvertüre im warmen Wasserbad erwärmen, die Spitzen in die Kuvertüre tauchen und auf einem Kuchengitter trocknen lassen.

Kokostaler
mit Orangeat

Das Orangeat sehr fein würfeln. Das Mehl in eine Schüssel sieben. Die Butter in Stücke schneiden und hinzugeben. Zucker, Ei und Orangenschale hinzufügen und alles zu einem glatten Teig verkneten. Den Teig etwa 1 Stunde kühl stellen.

Den Backofen auf 160 °C (Umluft 140 °C) vorheizen. Den Teig auf einer bemehlten Arbeitsfläche 1/2 cm dick ausrollen. Taler (ca. 3 cm Ø) ausstechen und auf ein mit Backpapier belegtes Blech legen. Das Eigelb mit der Milch verrühren und die Plätzchen damit bestreichen. Dann mit den Kokosflocken bestreuen. Für die Baiserhaube das Eiweiß steif schlagen, Zucker einrieseln lassen. Puderzucker mit Stärke mischen und unter den Eischnee heben. In einen Spritzbeutel mit Sterntülle füllen. Rosetten auf die Plätzchen spritzen und auf mittlerer Schiene etwa 12 Minuten backen und auskühlen lassen.

Für ca. 50 Stück

Für den Teig:
50 g Orangeat
250 g Mehl
120 g Butter
100 g Zucker
1 Ei
1 Tl abgeriebene Schale von 1 unbehandelten Orange

Für das Baiser:
2 Eiweiß
50 g Zucker
75 g Puderzucker
15 g Speisestärke
Mehl für die Arbeitsfläche
1 Eigelb zum Bestreichen
2–3 El Milch
50 g Kokosflocken

Zubereitungszeit: ca. 1 Stunde
(plus Kühl- und Backzeit)
Pro Stück ca. 65 kcal/273 kJ

Sesamtaler
mit Pistazien

Für ca. 35 Stück
300 g Mehl
250 g Butter
150 g Zucker
100 g Haselnüsse (gemahlen)
3 El Orangenblütenwasser (aus der Apotheke)
1 Ei
1 Tl Zimt
1 Tl Kardamom (gemahlen)
1/2 Tl Gewürznelke (gemahlen)
50 g Orangeat
100 g Honig
75 g Sesam
50 g Pistazien (gehackt)
3 El Aprikosenkonfitüre
Mehl für die Arbeitsfläche

Zubereitungszeit: ca. 45 Minuten
(plus Kühl- und Backzeit)
Pro Stück ca. 121 kcal/508 kJ

Das Mehl in eine Schüssel sieben. 200 g Butter in Stücke schneiden und dazugeben. Zucker, Haselnüsse, Orangenwasser, Ei und Gewürze ebenfalls hinzufügen und alles zu einem glatten Teig verkneten. Den Teig etwa 1 Stunde kühl stellen.

Den Backofen auf 180 °C (Umluft 160 °C) vorheizen. Teig 1/2 cm dick ausrollen, Taler (4 cm Ø) ausstechen. Auf ein mit Backpapier belegtes Blech legen.

Für den Belag Orangeat sehr fein hacken. Die restliche Butter mit dem Honig unter Rühren erwärmen. Sesam, Pistazien und Orangeat hinzufügen und die Paste lauwarm auf die Taler streichen.

Die Taler auf der mittleren Stufe etwa 15 Minuten backen. Die Konfitüre erwärmen, die Plätzchen damit bestreichen und trocknen lassen.

Mit Schuss

Eierlikörringe
mit Mandeln

Für ca. 30 Stück
125 g Butter
250 g Puderzucker
Salz
abgeriebene Schale von 1 unbehandelten Zitrone
1 Ei
180 g Mehl
70 g Speisestärke
100 g Mandeln (gemahlen)
15 Mandeln (geschält)
3–4 El Eierlikör
Mehl für die Arbeitsfläche

Zubereitungszeit: ca. 40 Minuten (plus Kühl- und Backzeit)
Pro Stück ca. 125 kcal/525 kJ

Butter, 100 g Puderzucker, 1 Prise Salz und Zitronenschale mit den Knethaken des Handrührers zu einer glatten Masse verkneten, das Ei unterrühren. Mehl und Speisestärke sieben, mit den gemahlenen Mandeln kurz unterkneten. Mit Folie zugedeckt 2 Stunden kalt stellen.

Den Teig auf der bemehlten Arbeitsfläche 3 mm dick ausrollen. Mit einem runden, gezackten Ausstecher (5 cm Ø) Plätzchen ausstechen, auf mit Backpapier belegte Backbleche setzen. Aus der Hälfte der Plätzchen noch einmal mit einem runden, gezackten Ausstecher (3 cm Ø) die Mitte ausstechen. Plätzchen im vorgeheizten Ofen bei 180 °C (Umluft 160 °C) auf der 2. Einschubleiste von unten 8 bis 10 Minuten backen, abkühlen lassen.

Die Mandeln längs halbieren und in einer Pfanne ohne Fett anrösten. Die Ringe mit 10 g Puderzucker bestäuben. Restlichen Puderzucker und Eierlikör zu einem glatten Guss verrühren, auf die Mitte der ganzen Plätzchen verteilen, die Ringe daraufsetzen, mit den Mandelhälften belegen und trocknen lassen.

Aprikosenkonfekt
mit Apricot-Brandy

Die Aprikosen fein hacken. Dann mit 100 g Puderzucker, dem Marzipan, der Zitronenschale und dem Brandy gut verkneten. Aus der Masse Kugeln formen, diese etwa 8 Stunden antrocknen lassen.

Den restlichen Puderzucker mit dem Zitronensaft verrühren. Die Aprikosenkugeln mit dem Zitronenguss überziehen.

Für ca. 20 Stück
100 g getrocknete Aprikosen
300 g Puderzucker
200 g Marzipanrohmasse
1 Tl abgeriebene Schale von 1 unbehandelten Zitrone
2 cl Apricot-Brandy
4 El Zitronensaft

Zubereitungszeit: ca. 20 Minuten (plus Trockenzeit)
Pro Stück ca. 127 kcal/533 kJ

Trüffelaprikosen
mit Likör

Für ca. 60 Stück
500 g getrocknete Aprikosen
150 ml Aprikosenlikör (25 Vol. %)
40 g Butterschmalz
50 ml Sahne
1/2 Tl Zimt
2 cl Aprikosenlikör
200 g weiße Kuvertüre
150 g Zartbitterkuvertüre

Zubereitungszeit: ca. 40 Minuten
(plus Zeit zum Ziehen)
Pro Stück ca. 61 kcal/256 kJ

Die Aprikosen 2 Tage im Aprikosenlikör ziehen lassen, dabei gelegentlich umrühren. Anschließend die Aprikosen abtropfen lassen und auf Küchenkrepp legen.

Für die Trüffelmasse in jede Aprikose eine „Tasche" schneiden. Butterschmalz, Sahne, Zimt, Aprikosenlikör und die in Stücke geschnittene weiße Kuvertüre in einen Topf geben und unter Rühren erhitzen. Die Masse im kalten Wasserbad unter gelegentlichem Rühren abkühlen lassen. Anschließend mit den Quirlen des Handrührers weich-cremig verrühren. Die Masse in einen Spritzbeutel mit kleiner Lochtülle füllen und alle Aprikosen mit etwas Trüffelmasse füllen.

Die Zartbitterkuvertüre nach Packungsanweisung im heißen Wasserbad schmelzen. Die Aprikosen zur Hälfte in die Kuvertüre tauchen, zum Trocknen auf ein Pralinengitter legen. Im Kühlschrank halten sie sich abgedeckt ca. 2 bis 3 Wochen.

Cointreaumonde
mit Orange

Für ca. 45 Stück
250 g Mehl
100 g Zucker
1 P. Vanillezucker
1 P. Orangeback
2 Eigelb
125 g Butter
150 g Puderzucker
3 El Cointreau
Mehl für die Arbeitsfläche

Zubereitungszeit: ca. 40 Minuten
(plus Kühl- und Backzeit)
Pro Stück ca. 73 kcal/306 kJ

Das Mehl in eine Schüssel sieben. Zucker, Vanillezucker, Orangeback, Eigelb und Butter in Stücken dazugeben. Alle Zutaten zu einem glatten Teig verkneten und für etwa 1 Stunde kalt stellen.

Den Backofen auf 180 °C (Umluft 160 °C) vorheizen. Den Teig portionsweise auf einer bemehlten Arbeitsfläche etwa 1/2 cm dick ausrollen und Halbmonde ausstechen. Die Monde auf ein mit Backpapier ausgelegtes Backblech setzen und auf mittlerer Schiene etwa 10 Minuten backen.

Den Puderzucker mit dem Cointreau glatt rühren. Die lauwarmen Monde mit dem Guss einpinseln und den Guss trocknen lassen.

Engelsaugen mit Rum

Das Mehl auf die Arbeitsfläche sieben und in die Mitte eine Mulde drücken. Eigelb, Zucker, Vanillezucker, Salz und Zitronenschale hineingeben. Die Butter auf dem Mehlrand verteilen. Alle Zutaten von der Mitte aus zu einem glatten Teig kneten. Den Teig in Klarsichtfolie wickeln und 1 Stunde kalt stellen.

Das Johannisbeergelee mit dem Rum verrühren. Den Teig auf der bemehlten Arbeitsfläche dünn ausrollen. Mit einem runden gewellten Ausstecher von 5 cm Ø etwa 50 Plätzchen ausstechen. Bei der Hälfte der Plätzchen mit einem runden Ausstecher von 2,5 cm Ø auch die Mitte ausstechen.

Backofen auf 200 °C (Umluft 180 °C) vorheizen. Alle Plätzchen auf ein mit Backpapier belegtes Backblech setzen und auf der mittleren Einschubleiste im Backofen etwa 8 Minuten goldgelb backen. Auf einem Kuchengitter auskühlen lassen.

Die Plätzchen mit dem Johannisbeergelee bestreichen, die Ringe vorsichtig aufdrücken. Die Ringe mit Puderzucker bestäuben, in die Mitte noch 1 Klecks Johannisbeergelee setzen.

Für ca. 25 Stück

200 g Mehl
1 Eigelb
60 g Zucker
1 P. Vanillezucker
1 Prise Salz
etwas abgeriebene Schale von 1 unbehandelten Zitrone
125 g Butter
100 g rotes Johannisbeergelee
2 Tl brauner Rum
30 g Puderzucker zum Bestäuben
Mehl für die Arbeitsfläche

Zubereitungszeit: ca. 1 Stunde (plus Kühl- und Backzeit)
Pro Stück ca. 97 kcal/407 kJ

Mürbeteigtörtchen
mit Weinbrand

Für ca. 20 Stück

Für den Teig:
500 g Mehl
150 g Zucker
1 Prise Salz
300 g Butter
2 Eier

Für die Füllung:
250 g Äpfel
175 g Sultaninen
75 g Korinthen
30 g Butter
75 g brauner Zucker
1 Tl Zimt
1/2 Tl Gewürznelken (gemahlen)
1/2 Tl Muskat (gemahlen)
100 ml Weinbrand
Saft und Schale von
1 unbehandelten Zitrone

Eiweiß zum Bestreichen
Puderzucker zum Bestäuben
Mehl für die Arbeitsfläche
Fett für das Blech

Zubereitungszeit: ca. 40 Minuten
(plus Ruhe-, Koch- und Backzeit)
Pro Stück ca. 316 kcal/1325 kJ

Mehl in eine Schüssel sieben. Zucker, Salz, Butter und die Eier dazugeben und alles mit den Knethaken des Handrührers zu einem glatten Teig verkneten. Etwa 30 Minuten im Kühlschrank ruhen lassen.

Für die Füllung die Äpfel schälen, vierteln, Kerngehäuse entfernen, Äpfel klein hacken, mit den übrigen Zutaten bei schwacher Hitze etwa 30 Minuten leicht köcheln, hin und wieder umrühren, abkühlen lassen.

Backofen auf 200 °C (Umluft 180 °C) vorheizen. Den Teig auf der bemehlten Arbeitsfläche ausrollen, Plätzchen von 7 bis 8 cm Ø ausstechen.

Die Hälfte auf ein gefettetes Backblech legen und je 1 bis 2 Tl Füllung in die Mitte geben. Den Rand mit Eiweiß bestreichen. Aus den übrigen Kreisen in der Mitte kleine Sterne ausstechen und als Deckel auf die Plätzchen mit Füllung legen, leicht andrücken. Die Plätzchen mit Eiweiß bepinseln und im Ofen ca. 25 Minuten backen. Abkühlen lassen. Mit Puderzucker bestäuben.

Orangensterne
mit Likör

3 Eiweiß und 1 Prise Salz steif schlagen. Zucker einrieseln lassen und so lange weiterschlagen, bis er sich aufgelöst hat. Orangenschale, 350 g Mandeln und den Orangenlikör kurz unterrühren. Masse zugedeckt über Nacht kalt stellen. Die Masse in mehreren Portionen zwischen mit Mandeln bestreutem Backpapier ca. 1/2 cm dick ausrollen. Mit dem Backpapier 1 Stunde einfrieren. Restliches Eiweiß mit 1 Prise Salz steif schlagen. Den Puderzucker unterrühren und schlagen, bis die Masse fest ist und glänzt. 1 El Zuckerguss beiseitestellen.

Sternausstecher in gemahlene Mandeln tauchen und die Mandelmasse ausstechen. Mit dem Zuckerguss bestreichen, auf ein mit Backpapier belegtes Blech setzen. Plätzchen im vorgeheizten Backofen bei 150 °C (Umluft 130 °C) auf der untersten Einschubleiste 20 Minuten backen, auskühlen lassen. Die Geleestücke in feine Streifen schneiden, mit dem restlichen Zuckerguss auf die Sterne kleben und trocknen lassen.

Für ca. 35 Stück

4 Eiweiß
Salz
200 g Zucker
abgeriebene Schale von 2 unbehandelten Orangen
400 g Mandeln (gemahlen)
2 El Orangenlikör
100 g Puderzucker
100 g Orangengelee-Stücke

Zubereitungszeit: ca. 40 Minuten
(plus Kühl- und Backzeit)
Pro Stück ca. 113 kcal/475 kJ

Pflaumenplätzchen
mit Cognac

Die Pflaumen klein hacken und mit Cognac übergießen. Über Nacht einweichen lassen. Die Butter mit dem Zucker und Vanillezucker schaumig rühren, die Eier einzeln unterrühren. Mehl sieben, mit Backpulver, Zimt und Salz mischen und einrühren. Die Pflaumen und die Nüsse unter den Teig mengen.

Den Backofen auf 180 °C (Umluft 160 °C) vorheizen. Mit 2 Teelöffeln etwa walnussgroße Häufchen auf ein mit Backpapier ausgelegtes Backblech setzen. Die Plätzchen auf mittlerer Schiene etwa 15 Minuten backen. Die Plätzchen auf einem Kuchengitter auskühlen lassen und mit Puderzucker bestäuben.

Für ca. 40 Stück

250 g getrocknete Pflaumen
2 cl Cognac
50 g weiche Butter
75 g Zucker
1 P. Vanillezucker
2 Eier
125 g Mehl
1 Tl Backpulver
1 Tl Zimt
1 Prise Salz
100 g Walnüsse (gehackt)
Puderzucker zum Bestäuben

Zubereitungszeit: ca. 30 Minuten
(plus Marinier- und Backzeit)
Pro Stück ca. 67 kcal/281 kJ

Pistazien-Biberle
mit Marzipan

Für ca. 60 Stück
125 g Honig
55 g Zucker
250 g Mehl
4 El Rum (ersatzweise Orangensaft)
2 Tl Lebkuchengewürz
1/2 Tl Pottasche
1 Eiweiß
70 g Pistazien
200 g Marzipanrohmasse
2 Tl Gummiarabicum (a. d. Apotheke)
Mehl für die Arbeitsfläche

Zubereitungszeit: ca. 50 Minuten (plus Kühl- und Backzeit)
Pro Stück ca. 51 kcal/214 kJ

Honig, 50 g Zucker und 5 El Wasser erhitzen, bis sich der Zucker aufgelöst hat, dann wieder abkühlen lassen. Mehl, Honigmischung, 2 El Rum und das Lebkuchengewürz in eine Schüssel geben. Pottasche in 2 Tl Eiweiß auflösen, dazugeben und mit den Knethaken des Handrührers zu einem glatten Teig verkneten. In Folie gewickelt 30 Minuten kühl stellen.

50 g Pistazien fein mahlen, mit der zerkrümelten Marzipanrohmasse und restlichem Rum zu einer glatten Masse verkneten. Zu 2 Rollen von je 40 cm Länge formen.

Den Teig auf der bemehlten Arbeitsfläche zu einem Rechteck von 40 x 16 cm ausrollen, längs halbieren und mit Eiweiß bestreichen. Je 1 Marzipanrolle auf die Mitte der Streifen legen, in den Teig einrollen, 1 Stunde kühl stellen.

Restliche Pistazien halbieren. Rollen in Dreiecke von 2 cm Seitenlänge schneiden, auf mit Backpapier belegte Bleche setzen, im vorgeheizten Backofen bei 180 °C (Umluft 160 °C) auf der 2. Einschubleiste von unten 10 Minuten backen. Gummiarabicum, restlichen Zucker und 3 El Wasser unter Rühren einmal aufkochen, Biberle damit heiß glasieren, mit Pistazien belegen und abkühlen lassen.

Glühweinsterne
mit Lebkuchengewürz

Für ca. 80 Stück

125 g Marzipanrohmasse
200 g Zucker
5 Eiweiß
75 g Zitronat
75 g Orangeat
400 g Haselnüsse (gemahlen)
2 Tl Lebkuchengewürz
1 Prise Salz
1 Tl abgeriebene Schale von 1 unbehandelten Zitrone
200 ml Rotwein
spiralförmig abgeschälte Schale von 1 unbehandelten Orange
2 Gewürznelken
2 Zimtstangen
150 g Puderzucker
rote Lebensmittelfarbe
Puderzucker zum Ausrollen und Bestäuben

Die Marzipanrohmasse zerkrümeln und mit dem Zucker und 1 Eiweiß zu einer glatten Masse verkneten. Das Zitronat und Orangeat sehr fein hacken, beides mit der Marzipanmasse, den Nüssen, dem Lebkuchengewürz, dem Salz, der Zitronenschale und dem 2. Eiweiß zu einer glatten Masse verkneten. Den Teig über Nacht kühl stellen.

Für die Glasur den Rotwein mit Orangenschale, Nelken und Zimtstangen aufkochen und offen bei starker Hitze auf 5 El Restmenge einkochen und abkühlen lassen.

Den Backofen auf 160 °C (Umluft 140 °C) vorheizen. Den Teig in mehreren Portionen zwischen 2 mit Puderzucker bestäubten Lagen Backpapier etwa 1 cm dick ausrollen und Sterne ausstechen.

Die Plätzchen auf ein mit Backpapier belegtes Backblech setzen. Auf der mittleren Schiene etwa 15 Minuten backen. Mit dem Backpapier vom Blech ziehen und auskühlen lassen.

Die Gewürze aus dem Rotwein nehmen. Das verbliebene Eiweiß steif schlagen und den Puderzucker einrieseln lassen. Rotwein und etwas Lebensmittelfarbe unterrühren. Den Guss auf die Plätzchen streichen und trocknen lassen. Eventuell mit etwas Puderzucker bestäuben.

Zubereitungszeit: ca. 50 Minuten
(plus Kühl-, Koch- und Backzeit)
Pro Stück ca. 58 kcal/243 kJ

Whiskytaler
mit Drambuie

Für ca. 60 Stück
400 g Mehl
50 g Speisestärke
225 g Zucker
1 Prise Salz
250 g Butter
1 Ei
125 ml Sahne
100 g Honig
50 ml Drambuie (schottischer Whiskylikör)
50 g Schokoladenglasur
Puderzucker zum Bestäuben

Zubereitungszeit: ca. 1 Stunde (plus Kühl- und Backzeit)
Pro Stück ca. 90 kcal/378 kJ

Das Mehl mit Speisestärke, 125 g Zucker und Salz mischen. Die Butter in kleine Stücke schneiden, dazugeben und zu einem Teig kneten. Zum Schluss das Ei unterkneten. Den Teig etwa 1 Stunde kalt stellen.

Den Backofen auf 200 °C (Umluft 180 °C) vorheizen. Den Teig zu 2 cm dicken Rollen formen und in 1/2 cm dicke Scheiben schneiden. Auf ein mit Backpapier ausgelegtes Blech setzen und mit dem Daumen in jede Scheibe eine Mulde drücken. Die Plätzchen auf der mittleren Schiene etwa 15 Minuten backen. Auf einem Kuchengitter auskühlen lassen. Den restlichen Zucker in einer Pfanne karamellisieren. Die Sahne unter Rühren dazugießen. Dann den Honig und Drambuie dazugeben und etwa 5 Minuten unter Rühren kochen lassen. Karamell in die Vertiefungen der Plätzchen gießen. Erkalten lassen.

Die Schokoladenglasur im warmen Wasserbad schmelzen. In einen kleinen Gefrierbeutel füllen, eine kleine Ecke abschneiden und auf die erkalteten Plätzchen spritzen. Vor dem Servieren mit Puderzucker bestäuben.

Chartreuseplätzchen
mit Aprikosenmarmelade

Für ca. 30 Stück
125 g Butter
125 g Zucker
2 Eigelb
125 g Mandeln (abgezogen, gemahlen)
40 ml Chartreuse
75 g Mehl
2 Eiweiß
100 g Aprikosenmarmelade
150 g Vollmilchkuvertüre
30 g Mandelstifte

Zubereitungszeit: ca. 45 Minuten (plus Backzeit)
Pro Stück ca. 122 kcal/512 kJ

Die Butter mit dem Zucker und Eigelb schaumig rühren. Mandeln, Chartreuse und Mehl nacheinander hinzufügen und rühren. Den Backofen auf 180 °C (Umluft 160 °C) vorheizen. Eiweiß steif schlagen und unter den Teig heben. Teig auf ein mit Backpapier ausgelegtes Backblech streichen. Auf der mittleren Schiene in etwa 15 Minuten backen.

Das noch warme Gebäck in gleichmäßige Dreiecke schneiden. Je 2 Dreiecke mit etwas Aprikosenmarmelade zusammensetzen. Die Kuvertüre im warmen Wasserbad schmelzen. Die Dreiecke damit überziehen und mit den Mandelstiften garnieren.

Lebkuchen

Nürnberger Lebkuchen
mit Honig

In einem Topf den Honig mit dem Zucker und der Butter unter Rühren erwärmen. Das Ganze in eine Rührschüssel geben und kalt werden lassen. Mit den Knethaken eines Handrührgeräts Eigelb, Kakao, Zitronenschale und Lebkuchengewürz unter die fast erkaltete Masse kneten.

Das Mehl sieben und mit dem Backpulver, den Haselnüssen, den Mandeln, den Rosinen und dem Orangeat vermischen. Unter den Teig kneten.

Backofen auf 180 °C (Umluft 160 °C) vorheizen. Den Teig etwa 1/2 cm dick ausrollen, runde Plätzchen von etwa 8 cm Ø ausstechen und auf ein mit Backpapier belegtes Backblech legen. Auf der mittleren Schiene etwa 15 Minuten backen. Etwas abkühlen lassen.

Für den Guss den gesiebten Puderzucker mit dem Eiweiß und etwas Rum zu einer dickflüssigen Masse verrühren. Lebkuchen damit überziehen und trocknen lassen.

Für ca. 45 Stück

150 g Honig
50 g brauner Zucker
50 g Butter
1 Eigelb
1 Tl Kakaopulver
1 Tl abgeriebene Schale von 1 unbehandelten Zitrone
2 Tl Lebkuchengewürz
250 g Mehl
3 Tl Backpulver
100 g Haselnüsse (gemahlen)
75 g Mandelstifte
50 g Rosinen
50 g Orangeat
200 g Puderzucker
1 Eiweiß
etwas Rum

Zubereitungszeit: ca. 40 Minuten (plus Backzeit)
Pro Stück ca. 92 kcal/386 kJ

Lebkuchenfiguren
mit Walnüssen

Für ca. 45 Stück

150 g Honig
80 g brauner Zucker
50 g Butter
250 g Mehl
2 Tl Backpulver
1 Ei
1/2 P. abgeriebene Zitronenschale (FP)
150 g Walnüsse (gemahlen)
1 Tl Zimt
2 Tl Lebkuchengewürz
1 Prise Salz
200 g Puderzucker
Lebensmittelfarbe nach Belieben
bunte Zuckerperlen und Dekorzucker zum Verzieren
Mehl für die Arbeitsfläche

Zubereitungszeit: ca. 1 Stunde
(plus Backzeit)
Pro Stück ca. 68 kcal/285 kJ

Den Honig mit dem Zucker und der Butter langsam erhitzen, bis sich der Zucker aufgelöst hat. Alles in eine Schüssel geben, etwas abkühlen lassen.

Den Backofen auf 180 °C (Umluft 160 °C) vorheizen. Mehl und Backpulver gut vermischen. Ei trennen. Mehlmischung, Eigelb, Zitronenschale, Nüsse, Gewürze und Salz unter die noch lauwarme Honigmasse rühren.

Auf leicht bemehlter Arbeitsfläche einen glatten Teig kneten, diesen etwa 1 cm dick ausrollen. Figuren in verschiedenen Größen ausstechen und auf ein mit Backpapier belegtes Backblech legen. Im Ofen etwa 12 Minuten backen. Auskühlen lassen.

Das Eiweiß steif schlagen. Puderzucker unterrühren. Guss teilweise mit Lebensmittelfarbe färben. Figuren mit farbigem und/oder weißem Guss bestreichen, nach Belieben den Guss mit Zuckerperlen und/oder Dekorzucker verzieren, trocknen lassen.

Tipp:

Wahre Schokofans können die Lebkuchen natürlich auch mit Schokolade bestreichen. Sehr hübsch sehen Muster mit heller und dunkler Schokolade aus. Hierfür in getrennten Töpfen weiße und dunkle Schokolade über dem Wasserbad schmelzen, dann jeweils eine von ihnen als Grundierung auftragen und mit der anderen Sorte in den noch flüssigen Überzug mit einer Rouladennadel oder einer Gabel Muster ziehen.

Thorner Kathrinchen

mit Rum

Den Honig mit Zucker und Butter schmelzen, in eine Rührschüssel geben und kalt werden lassen. Unter die fast erkaltete Masse das Ei, Lebkuchengewürz und Rum mit den Schneebesen eines Handrührgeräts unterrühren.

Das Mehl sieben, die Pottasche mit 2 El Wasser auflösen. Die Hälfte des Mehls zusammen mit der Pottasche unter die Butter-Zucker-Masse rühren. Restliches Mehl auf eine Arbeitsfläche geben und den Teig damit glatt kneten. Den Teig über Nacht ruhen lassen.

Den Backofen auf 180 °C (Umluft 160 °C) vorheizen. Den Teig auf einer bemehlten Arbeitsfläche 1/2 cm ausrollen. Kathrinchen mit einer besonderen Form ausstechen, ersatzweise mit einer ovalen gewellten Form, und auf ein mit Backpapier belegtes Backblech setzen.

Die Plätzchen mit Kondensmilch bestreichen und mit je 1 Mandelhälfte verzieren. Nochmals mit Kondensmilch bestreichen. Auf der mittleren Schiene etwa 12 Minuten backen.

Für ca. 40 Stück

100 g Honig
50 g brauner Zucker
50 g Butter
1 Ei
2 Tl Lebkuchengewürz
1 El Rum
300 g Mehl
2 Tl Pottasche
Kondensmilch zum Bestreichen
ca. 20 Mandeln (abgezogen, halbiert) zum Verzieren
Mehl für die Arbeitsfläche

Zubereitungszeit: ca. 40 Minuten
(plus Ruhe- und Backzeit)
Pro Stück ca. 50 kcal/210 kJ

Printen
mit Rübensirup

Für ca. 50 Stück
50 g Orangeat
250 g Rübensirup
70 g brauner Zucker
70 g Butter
1 Msp. Salz
2 Tl Lebkuchengewürz
1/2 Tl Zimt
1 Msp. Ingwer (gemahlen)
300 g Mehl
3 Tl Backpulver
200 g Haselnüsse (geschält)
200 g Zartbitterkuvertüre
Mehl für die Arbeitsfläche

Zubereitungszeit: ca. 40 Minuten
(plus Kühl- und Backzeit)
Pro Stück ca. 101 kcal/424 kJ

Das Orangeat sehr fein hacken. Den Rübensirup mit dem Zucker und der Butter in einem kleinen Topf unter Rühren schmelzen lassen, in eine Rührschüssel geben und kalt werden lassen. Mit den Knethaken eines Handrührgeräts das Orangeat, das Salz und die Gewürze unterrühren.

Das Mehl mit dem Backpulver über die Masse sieben und damit vermengen. Auf der bemehlten Arbeitsfläche zu einem glatten Teig verkneten. Den Teig 1 Stunde kalt stellen.

Den Backofen auf 180 °C (Umluft 160 °C) vorheizen. Den Teig etwa 1/2 cm dick ausrollen. Rechtecke von 2 x 6 cm schneiden und auf ein mit Backpapier ausgelegtes Backblech setzen. Die Haselnüsse halbieren und auf den Plätzchen verteilen. Auf der mittleren Schiene etwa 15 Minuten backen und abkühlen lassen.

Für den Guss die Kuvertüre grob hacken und im warmen Wasserbad schmelzen lassen. Die Kuvertüre über die Printen streichen.

Honigkuchen
mit Mandelblättchen

Den Honig mit dem Zucker und der Butter in einen Topf geben und bei mäßiger Hitze schmelzen, in eine Rührschüssel geben und kalt stellen.

Eier, Lebkuchengewürz, Orangenschale und Zimt mit den Schneebesen eines Handrührgeräts auf höchster Stufe unter die Honigmasse rühren.

Das Mehl mit Backpulver und Kakao mischen und mit dem Handrührgerät auf mittlerer Stufe abwechselnd mit der Milch unter die Honigmasse rühren. Zitronat und Orangeat sehr fein hacken und zusammen mit den Haselnüssen unter den Teig heben.

Den Backofen auf 180 °C (Umluft 160 °C) vorheizen. Ein Backblech mit Backpapier auslegen und den Teig gleichmäßig darauf verteilen. Belegkirschen vierteln. Mit Lineal und Messer auf dem Teig 5 x 5 cm große Stücke markieren, zum Schluss mit Mandelblättchen und Belegkirschen garnieren.

Für den Guss das Eiweiß mit 1 El Wasser verquirlen und den Teig damit bestreichen. Auf der mittleren Schiene etwa 30 Minuten backen. Dann in Stücke schneiden.

Für ca. 60 Stück

350 g Honig
120 g Zucker
200 g Butter
2 Eier
1 El Lebkuchengewürz
1 Tl abgeriebene Schale von 1 unbehandelten Orange
2 Tl Zimt
500 g Mehl
1 P. Backpulver
1 El Kakaopulver
1/8 l Milch
150 g Zitronat
100 g Orangeat
100 g Haselnüsse (gehackt)
30 g Belegkirschen
100 g Mandelblättchen
1 Eiweiß

Zubereitungszeit: ca. 30 Minuten (plus Backzeit)
Pro Stück ca. 108 kcal/453 kJ

Tipp:
Mit Honigkuchen lassen sich auch viele weihnachtliche Saucen binden; ergibt ganz nebenbei ein fein-würziges Aroma.

Elisenlebkuchen

mit braunem Zucker

Für ca. 50 Stück

2 Eier
150 g brauner Zucker
1 Msp. Gewürznelke (gemahlen)
1 Msp. Kardamom (gemahlen)
1/2 Tl Zimt
1 Tl abgeriebene Schale von 1 unbehandelten Zitrone
1 El Rum
100 g Zitronat
150 g Mandeln (gemahlen)
100 g Mandeln (gehackt)
ca. 50 Oblaten (ca. 5 cm Ø)
250 g Puderzucker
3–4 El Zitronensaft

Zubereitungszeit: ca. 20 Minuten (plus Backzeit)
Pro Stück ca. 71 kcal/298 kJ

Die Eier schaumig schlagen. Den Zucker nach und nach einrieseln lassen und cremig schlagen. Gewürze, Zitronenschale und Rum sowie Zitronat und Mandeln unterrühren.

Den Backofen auf 160 °C (Umluft 140 °C) vorheizen. Die Masse auf die Oblaten streichen und auf ein Backblech setzen. Auf der mittleren Schiene etwa 20 Minuten backen. Etwas abkühlen lassen.

Für den Guss den gesiebten Puderzucker mit dem Zitronensaft verrühren. Die Lebkuchen noch warm damit bestreichen.

Pfeffernüsse

mit Gewürznelken

Für ca. 50 Stück

250 g Mehl
1 Tl Backpulver
150 g brauner Zucker
1 Prise Salz
1 Msp. Kardamom (gemahlen)
1 Msp. Gewürznelke (gemahlen)
1 Tl Zimt
1 Ei
3 El Milch
100 g Butter
50 g Mandeln (gemahlen)
50 g Zitronat
250 g Puderzucker
3 El Zitronensaft
Mehl für die Arbeitsfläche

Zubereitungszeit: ca. 45 Minuten (plus Kühlzeit)
Pro Stück ca. 76 kcal/319 kJ

Das Mehl mit dem Backpulver in eine Rührschüssel geben. Zucker, Salz, Kardamom, Nelke, Zimt, Ei und Milch dazugeben. Die Butter in Stücke schneiden und mit Mandeln und Zitronat hinzufügen. Mit den Knethaken eines Handrührgerätes gut durcharbeiten. Auf der bemehlten Arbeitsfläche zu einem glatten Teig verkneten. Den Teig etwa 1 Stunde kalt stellen.

Den Backofen auf 180 °C (Umluft 160 °C) vorheizen. Den Teig etwa 2 cm dick ausrollen. Runde Plätzchen von etwa 3 cm Ø ausstechen und auf ein mit Backpapier ausgelegtes Backblech setzen. Auf der mittleren Schiene etwa 15 Minuten backen. Abkühlen lassen.

Für den Guss den gesiebten Puderzucker mit dem Zitronensaft zu einer dickflüssigen Masse verrühren und die Pfefferkuchen damit überziehen.

Basler Leckerli
mit Kirschwasser

Den Honig mit Zucker, Salz und 4 El Wasser schmelzen, in eine Rührschüssel geben und kalt werden lassen.

Das Mehl sieben, mit Backpulver, Zitronenschale und Gewürzen mischen. Orangeat, Zitronat und Mandeln zusammen mit der Mehlmischung unter die Honigmasse kneten.

Den Backofen auf 180 °C (Umluft 160 °C) vorheizen. Den Teig leicht mit Mehl bestäuben und auf einem mit Backpapier ausgelegten Backblech ausrollen. Auf der mittleren Schiene etwa 25 Minuten backen.

Für den Guss Puderzucker sieben und mit dem Kirschwasser verrühren. Sofort nach dem Backen den Kuchen vom Blech lösen und in Rechtecke von 6 x 4 cm schneiden. Mit dem Guss bestreichen.

Für ca. 45 Stück

250 g Honig
250 g Zucker
1 Prise Salz
400 g Mehl
2 Tl Backpulver
1 Tl Schale von 1 unbehandelten Zitrone
1 Tl Gewürznelken (gemahlen)
1 Tl Zimt (gemahlen)
1 Msp. Muskatnuss (frisch gerieben)
50 g Orangeat
100 g Zitronat
100 g Mandeln (gemahlen)
100 g Mandeln (gehackt)
100 g Puderzucker
3 El Kirschwasser
Mehl zum Bestäuben

Zubereitungszeit: ca. 30 Minuten (plus Backzeit)
Pro Stück ca. 110 kcal/462 kJ

Trendy

Shortbread
aus Schottland

Für ca. 16 Stück
180 g Mehl
50 g Speisestärke
80 g Zucker
180 g Butter
Zucker zum Bestreuen

Zubereitungszeit: ca. 20 Minuten
(plus Backzeit)
Pro Stück ca. 152 kcal/638 kJ

Das Mehl und die Speisestärke in eine Schüssel sieben. Die Hälfte des Zuckers daruntermischen. Die Butter in kleine Stücke schneiden und mit den Fingerspitzen in die Mehlmischung reiben, bis Streusel entstehen. Nun den Rest des Zuckers hinzufügen und das Ganze zu einem glatten Teig verkneten.

Den Backofen auf 160 °C (Umluft 140 °C) vorheizen. Auf einem mit Backpapier ausgelegten Backblech mit den Händen einen etwa 1/2 cm dicken Kreis formen. Den Rand zwischen Daumen und Zeigefinger dekorativ eindrücken. Die Oberfläche leicht mit einer Gabel einstechen und mit einem scharfen Messer 16 Tortenstücke einritzen.

Das Shortbread mit Zucker bestreuen. Auf der mittleren Schiene etwa 35 Minuten backen. Abkühlen lassen und in 16 Stücke schneiden.

Flottkringel
mit Zimt

Für ca. 60 Stück
250 g Butter
8 El Zucker
3 El saure Sahne
500 g Mehl
4 Eigelb
1 Tl Zimt
flüssige Butter zum Bestreichen
Mehl für die Arbeitsfläche

Zubereitungszeit: ca. 25 Minuten
(plus Kühl- und Backzeit)
Pro Stück ca. 66 kcal/275 kJ

Butter, 4 El Zucker, saure Sahne, Mehl und Eigelb rasch zu einem glatten Mürbeteig verkneten und 1 Stunde kalt stellen.

Den Ofen auf 180 °C Ober- und Unterhitze vorheizen. Den Teig auf einer bemehlten Arbeitsfläche ca. 3 mm dick ausrollen und runde Plätzchen (ca. 5 cm Ø) ausstechen. Diese in der Mitte nochmals ausstechen, sodass Kringel entstehen.

Ein Blech mit Backpapier belegen und die Plätzchen darauflegen. Restlichen Zucker mit Zimt mischen. Die Plätzchen mit etwas flüssiger Butter bestreichen und mit dem Zimtzucker bestreuen. Im Ofen ca. 15 Minuten backen.

Cornflakes-Cookies
mit Zuckerrübensirup

Das Mehl in eine Schüssel sieben. Natron, Salz und Zimt dazugeben und alles miteinander vermischen.

Die Butter in einer Schüssel cremig rühren. Den Zucker und Vanillezucker einrieseln lassen und mit der Butter schaumig schlagen. Den Zuckerrübensirup und nacheinander die Eier dazugeben, diese jeweils einzeln gut unterrühren.

Die Mehlmischung nach und nach zu der Buttermischung geben und das Ganze zu einem glatten Teig verarbeiten. Haselnüsse, Cornflakes und Haferflocken zum Teig geben und mit einem großen Löffel vorsichtig unterheben. Den Backofen auf 180 °C (Umluft 160 °C) vorheizen.

Ein Backblech mit Backpapier auslegen. Aus dem Teig etwa 4 cm große Bällchen formen und diese mit etwa 8 cm Abstand nebeneinander auf das Backblech legen. Die Kekse auf der mittleren Schiene in etwa 15 Minuten goldbraun backen. Die Cookies auf dem Blech abkühlen lassen.

Für ca. 30 Stück

300 g Mehl
1 Tl Natron
1/2 Tl Salz
1 Tl Zimt
250 g weiche Butter
200 g Zucker
1 P. Vanillezucker
2 El Zuckerrübensirup
2 Eier
100 g Haselnüsse (fein gehackt)
60 g Cornflakes
100 g zarte Haferflocken

Zubereitungszeit: ca. 20 Minuten
(plus Backzeit)
Pro Stück ca. 170 kcal/714 kJ

Krokantcookies
mit Ahornsirup

Für ca. 25 Stück
100 g Pekannüsse
150 g Zucker
100 g Butter
200 g brauner Zucker
2 El Ahornsirup
1 Ei
250 g Mehl
1 Tl Backpulver
1/4 Tl Natron
1 Prise Salz
Fett für die Alufolie

Zubereitungszeit: ca. 40 Minuten
(plus Auskühl- und Backzeit)
Pro Stück ca. 156 kcal/655 kJ

Für den Krokant die Pekannüsse hacken und in einer Pfanne rösten. Auf einem Teller abkühlen lassen. Zucker in einer beschichteten Pfanne langsam und bei kleiner Hitze schmelzen, bis er bernsteinfarben karamellisiert ist. Die Pekannüsse schnell unterrühren, die Masse auf eine eingefettete Alufolie gießen und abkühlen lassen. Die erhärtete Masse in einen Gefrierbeutel geben und mit einem Nudelholz zerkrümeln.

Die Butter in einer Rührschüssel cremig rühren. Unter ständigem Rühren den braunen Zucker einrieseln lassen. Den Ahornsirup und das Ei dazugeben und unterrühren.

Das Mehl in eine Schüssel sieben. Backpulver, Natron und Salz dazugeben. Die Mehlmischung nach und nach zum Teig geben und das Ganze zu einem glatten Teig verrühren. Zum Schluss die Hälfte des Krokants unter den Teig rühren.

Den Backofen auf 180 °C (Umluft 160 °C) vorheizen. Ein Backblech mit Backpapier auslegen. Aus dem Teig etwa 4 cm große Bällchen formen und diese mit etwa 8 cm Abstand auf das Blech geben. Die Kekse mit den restlichen Krokantkrümeln bestreuen und auf der mittleren Schiene in etwa 15 Minuten goldbraun backen. Die Cookies auf dem Blech abkühlen lassen.

Sesamtaler
mit Safran

Für ca. 80 Stück
300 g Mehl
100 g Zucker
1 Ei
2 Kapseln Safranpulver
Salz
200 g Butter
150 g Sesamsaat (geschält)
75 g kandierter Ingwer
1 Tl Zimt (gemahlen)
2 Tl dünn abgeriebene Schale von 1 unbehandelten Zitrone
150 ml gesüßte Kondensmilch
1 Eigelb
1 El Milch
Mehl für die Arbeitsfläche

Zubereitungszeit: ca. 40 Minuten (plus Kühl- und Backzeit)
Pro Stück ca. 61 kcal/256 kJ

Für den Teig Mehl in eine Schüssel geben und eine Mulde hineindrücken. Zucker, Ei, Safran und 1 Prise Salz hineingeben. Butter zerkleinern und auf dem Mehlrand verteilen. Alle Zutaten zu einem glatten Teig verkneten. In Klarsichtfolie gewickelt 1 Stunde kalt stellen.

Sesam in einer Pfanne ohne Fett goldbraun rösten. Ingwer fein hacken. Sesam, Ingwer, Zimt, Zitronenschale und Kondensmilch in einem Topf zum Kochen bringen und unter ständigem Rühren ca. 3 Minuten kochen, die Masse erkalten lassen. Teig kurz durchkneten und auf der bemehlten Arbeitsfläche zu 2 Rollen à 40 cm Länge formen. Die Rollen 30 Minuten kühl stellen.

Rollen mit einem scharfen Messer in 1 cm dicke Scheiben schneiden. Die Scheiben mit jeweils ca. 2 cm Abstand auf mit Backpapier belegte Bleche setzen. Eigelb mit Milch verrühren, die Teigscheiben damit bestreichen.

Sesammasse mit geölten Händen zu haselnussgroßen Kugeln formen und jeweils 1 Kugel auf die Mitte des Plätzchens setzen. Plätzchen im vorgeheizten Backofen bei 175 °C (Umluft etwa 10 Minuten bei 155 °C) auf der 2. Einschubleiste von unten 15 bis 20 Minuten backen, auf dem Backblech auskühlen lassen. Die Sesamplätzchen halten sich 2 bis 3 Wochen.

Brownies
mit Zartbitterschokolade

Für ca. 20 Stück
200 g Zartbitterschokolade
4 Eier
350 g Zucker
1 P. Vanillezucker
180 ml Sonnenblumenöl
200 g Mehl
1/2 Tl Salz
1 Tl Backpulver

Zubereitungszeit: ca. 30 Minuten (plus Backzeit)
Pro Stück ca. 253 kcal/1062 kJ

Die Zartbitterschokolade im warmen Wasserbad schmelzen und abkühlen lassen. Die Eier schaumig schlagen und dabei langsam den Zucker und Vanillezucker einrieseln lassen. So lange weiterschlagen, bis die Mischung dick und cremig ist und sich der Zucker aufgelöst hat. Dann das Öl und die geschmolzene Schokolade unterrühren. Den Backofen auf 180 °C (Umluft 160 °C) vorheizen. Mehl sieben und mit Salz und Backpulver vermischen. Dann zu dem Teig geben und von Hand unterrühren, bis sich die Zutaten zu einem weichen Teig vermengt haben.

Die Fettpfanne des Backofens mit einem Rand aus Alufolie verkleinern oder eine Backform (etwa 40 x 28 cm) mit Backpapier auslegen, den Teig 3 cm hoch einfüllen und glatt streichen. Auf mittlerer Schiene etwa 20 Minuten backen. Auskühlen lassen und dann in 5 cm große Quadrate schneiden.

Chocolate-Chip-Cookies
mit Zuckerrübensirup

Für ca. 30 Stück
200 g weiche Butter
300 g Zucker
1 P. Vanillezucker
2 El Zuckerrübensirup
2 Eier
400 g Mehl
1 Tl Natron
1/2 Tl Salz
300 g Zartbitterschokolade

Zubereitungszeit: ca. 20 Minuten (plus Backzeit)
Pro Stück ca. 195 kcal/819 kJ

Die Butter in einer Rührschüssel cremig rühren. Unter ständigem Rühren den Zucker und Vanillezucker einrieseln lassen und den Zuckerrübensirup dazugeben. Die Eier nacheinander dazugeben und unterrühren.

Das Mehl in eine Schüssel sieben. Natron und Salz dazugeben. Die Mehlmischung nach und nach zum Teig geben und das Ganze zu einem glatten Teig verrühren. Zum Schluss die Schokolade in kleine Stücke hacken und unter den Teig rühren.

Den Backofen auf 180 °C (Umluft 160 °C) vorheizen. Ein Backblech mit Backpapier auslegen. Aus dem Teig etwa 4 cm große Bällchen formen und diese mit etwa 8 cm Abstand auf das Blech geben. Die Kekse auf der mittleren Schiene in etwa 15 Minuten goldbraun backen. Die Cookies auf dem Blech abkühlen lassen.

Florentinerberge
mit Belegkirschen

Für ca. 40 Stück
150 g Mehl
130 g kalte Butter
175 g Zucker
1 P. Vanillezucker
1 Eiweiß
25 g Belegkirschen
125 ml Sahne
400 g Mandeln (gehobelt)
100 g Zartbitterkuvertüre
Puderzucker zum Bestäuben
Mehl für die Arbeitsfläche

Zubereitungszeit: ca. 1 Stunde
(plus Kühl- und Backzeit)
Pro Stück ca. 113 kcal/474 kJ

Das Mehl in eine Schüssel sieben. 80 g Butter in Stücke schneiden und dazugeben. 50 g Zucker, Vanillezucker und Eiweiß hinzufügen und alles zu einem glatten Teig verkneten. Den Teig etwa 1 Stunde kühl stellen.

Den Backofen auf 200 °C (Umluft 180 °C) vorheizen. Den Teig auf einer leicht bemehlten Arbeitsfläche etwa 1/2 cm dick ausrollen. Kreise (4 cm Ø) ausstechen und auf ein mit Backpapier belegtes Backblech setzen. Auf mittlerer Schiene etwa 5 Minuten vorbacken.

Für den Belag die Kirschen fein hacken. Restliche Butter und restlichen Zucker in einer großen Pfanne unter Rühren schmelzen, bis die Masse leicht gebräunt ist. Sahne unterrühren und etwas einköcheln lassen. Mandeln und Kirschen hinzugeben, bei kleiner Hitze unter Rühren 3 Minuten dicklich einköcheln lassen.

Die Mandel-Sahne-Masse mit 2 Teelöffeln auf die vorgebackenen Plätzchen häufen, auf mittlerer Schiene etwa 8 Minuten fertig backen. Auf einem Kuchengitter abkühlen lassen.

Kuvertüre grob hacken und im warmen Wasserbad schmelzen. Die Kuvertüre mit einem Teelöffel auf den Florentinerbergen verteilen und trocknen lassen. Mit Puderzucker bestäuben.

Mohnplätzchen
mit Pflaumenmus

Für ca. 60 Stück
400 g Mehl
150 g Butter
50 g Zucker
1 Ei
2 El abgeriebene Schale von 1 unbehandelten Zitrone
Salz
250 g Mohnback (FP)
1 Fl. Rumaroma
150 g Pflaumenmus
5 Tl Zitronensaft
30 g Halbbitterkuvertüre
50 g Puderzucker
1 Tropfen rote Lebensmittelfarbe
Mehl für die Arbeitsfläche

Zubereitungszeit: ca. 40 Minuten
(plus Kühl-, Back- und Trockenzeit)
Pro Stück ca. 71 kcal/298 kJ

Mehl, Butter, Zucker, Ei, Zitronenschale, 1 Prise Salz, Mohnback und Rumaroma zu einem Teig verkneten. In Folie wickeln, 1 Stunde kalt stellen.

Den Teig auf einer bemehlten Arbeitsfläche 3 mm dick ausrollen. Herzen, Sterne oder andere Motive ausstechen, auf ein Blech mit Backpapier setzen.

Plätzchen im vorgeheizten Backofen bei 175 °C (Umluft 155 °C) auf der 2. Einschubleiste von unten 10 Minuten backen, auskühlen lassen.

Pflaumenmus und 2 Tl Zitronensaft verrühren. Die Hälfte der Plätzchen mit Pflaumenmus bestreichen. 20 Minuten antrocknen lassen, die 2. Hälfte daraufsetzen.

Die Kuvertüre hacken und im heißen Wasserbad schmelzen. Puderzucker, restlichen Zitronensaft und Lebensmittelfarbe verrühren. Kuvertüre und Guss in kleine Beutel füllen. Plätzchen mit Guss oder Kuvertüre verzieren, trocknen lassen.

Aprikosencookies
mit Haferflocken

Die Butter in einer Rührschüssel cremig rühren. Unter ständigem Rühren den Zucker und Vanillezucker einrieseln lassen und den Zuckerrübensirup dazugeben. Das Ei dazugeben und unterrühren.

Die Aprikosen fein würfeln. Das Mehl in eine Schüssel sieben. Haferflocken, Sesam, Leinsamen, Sonnenblumenkerne, Natron, Backpulver und Zimt dazugeben und alles miteinander vermischen.

Die Mehlmischung nach und nach zum Teig geben und das Ganze zu einem glatten Teig verrühren. Zum Schluss Aprikosen unter den Teig rühren.

Den Backofen auf 180 °C (Umluft 160 °C) vorheizen. Ein Backblech mit Backpapier auslegen. Aus dem Teig etwa 4 cm große Bällchen formen und diese mit etwa 8 cm Abstand auf das Blech geben. Die Kekse auf der mittleren Schiene in etwa 15 Minuten goldbraun backen. Die Cookies auf dem Blech abkühlen lassen.

Für ca. 25 Stück
125 g weiche Butter
150 g Zucker
1 P. Vanillezucker
2 El Zuckerrübensirup
1 Ei
100 g getrocknete Aprikosen
100 g Mehl
125 g Haferflocken
2 El Sesam
2 El Leinsamen
4 El Sonnenblumenkerne
1 Tl Natron
1 Tl Backpulver
1/2 Tl Zimt

Zubereitungszeit: ca. 20 Minuten
(plus Backzeit)
Pro Stück ca. 130 kcal/546 kJ

Erdnusswürfel
mit Karamell

Für ca. 30 Stück
200 g Mehl
200 g Butter
100 g Mandeln (gemahlen)
125 g Zucker
1 Ei
1 Prise Salz
500 ml Sahne
300 g Krümel-Kandiszucker
5–6 El Baileys
200 g ungesalzene Erdnüsse (gehackt)
Mehl für die Arbeitsfläche

Zubereitungszeit: ca. 1 Stunde
(plus Kühl-, Back- und Kochzeit)
Pro Stück ca. 223 kcal/936 kJ

Das Mehl in eine Schüssel sieben. 150 g Butter in Stücke schneiden und dazufügen. Mandeln, Zucker, Ei und Salz dazugeben und alles zu einem glatten Teig verkneten. Den Teig etwa 1 Stunde kühl stellen.

Den Backofen auf 180 °C (Umluft 160 °C) vorheizen. Eine Fettpfanne mit Alufolie auf die Hälfte verkleinern und mit Backpapier auslegen. Den Teig auf bemehlter Arbeitsfläche 1/2 cm dick in Größe des halben Bleches ausrollen und aufs Blech legen. Den Teig auf mittlerer Schiene etwa 10 Minuten backen.

Inzwischen Sahne, Kandis, restliche Butter, Likör und Nüsse in einem Topf unter ständigem Rühren bei kleiner Hitze etwa 40 Minuten einkochen, bis die Masse hellbraun und dickflüssig ist. Auf den Plätzchenboden streichen. Erst wenn das Karamell abgekühlt ist, das Ganze in Würfel schneiden.

Tiramisutaler
mit Amaretto

Für ca. 40 Stück
100 g Mokkaschokolade
300 g Butter
100 g Zucker
1 Eigelb
2 El Amaretto
300 g Mehl
100 g weiße Kuvertüre
100 g Puderzucker
3 El Mascarpone
Kakaopulver zum Bestäuben
Puderzucker zum Bestäuben
Mehl für die Arbeitsfläche

Zubereitungszeit: ca. 1 Stunde
(plus Kühl- und Backzeit)
Pro Stück ca. 111 kcal/466 kJ

Für den Teig die Schokolade im warmen Wasserbad schmelzen und abkühlen lassen. Mit 200 g Butter, Zucker, Eigelb, Amaretto und Mehl verkneten. Den Teig für etwa 1 Stunde kühl stellen.

Den Backofen auf 180 °C (Umluft 160 °C) vorheizen. Teig auf einer bemehlten Arbeitsfläche 1/2 cm dick ausrollen. Taler ausstechen und auf ein mit Backpapier belegtes Blech legen. Auf der mittleren Schiene etwa 10 Minuten backen und auf einem Kuchengitter auskühlen lassen.

Die weiße Kuvertüre im warmen Wasserbad schmelzen und leicht abkühlen lassen. Restliche Butter mit Puderzucker schaumig rühren. Mascarpone und flüssige Kuvertüre darunterrühren. 1 Stunde kalt stellen. Die Hälfte der Taler mit der Creme bestreichen, mit jeweils 1 Taler belegen. Die Plätzchen mit Kakao und Puderzucker bestäuben.

Gewürzbrownies
mit Cognac

Aprikosen und Pflaumen fein hacken und mit 4 El Cognac etwa 1 Stunde durchziehen lassen.

Die Schokolade im warmen Wasserbad auflösen. Die Butter unter Rühren in der heißen Schokolade schmelzen. Abkühlen lassen.

Eier, Zucker, Vanillezucker mit den Besen eines Handrührgeräts schaumig schlagen. Butter-Schoko-Mischung unterrühren. Dann Mehl, Backpulver und Gewürze unterrühren und zum Schluss die Walnüsse und die Trockenfrüchte unterheben.

Den Backofen auf 180 °C (Umluft 160 °C) vorheizen. Ein Blech mit Backpapier auslegen und mit Alufolie halbieren. Den Teig auf einer Hälfte verteilen und auf mittlerer Schiene etwa 20 Minuten backen.

Den gesiebten Puderzucker mit dem restlichen Cognac glatt rühren. Den Kuchen auskühlen lassen und damit bestreichen. Ihn dann in Quadrate schneiden.

Für ca. 24 Stück
50 g getrocknete Aprikosen
50 g getrocknete Pflaumen
6 El Cognac
100 g Zartbitterschokolade
125 g weiche Butter
3 Eier
250 g Zucker
1 P. Vanillezucker
120 g Mehl
1/2 Tl Backpulver
1 Prise Salz
1 Msp. Gewürznelke (gemahlen)
1 Msp. Kardamom (gemahlen)
1/2 Tl Zimt
50 g Walnüsse (gehackt)
100 g Puderzucker

Zubereitungszeit: ca. 30 Minuten
(plus Marinier- und Backzeit)
Pro Stück ca. 170 kcal/712 kJ

Amarenapäckchen
mit Haselnüssen

Für ca. 20 Stück
300 g Mehl
100 g Haselnüsse (gemahlen)
100 g Zucker
1 P. Vanillezucker
Salz
150 g Butter
1 Ei
40 g Mandeln
250 g Amarenakirschen (abgetropft)

Zubereitungszeit: ca. 50 Minuten (plus Kühl- und Backzeit)
Pro Stück ca. 181 kcal/760 kJ

Mehl, Haselnüsse, Zucker, Vanillezucker, 1 Prise Salz, Butter in Stückchen und das Ei in eine Schüssel geben und mit den Knethaken des Handrührers rasch zu einem Teig verarbeiten. Den Teig in Frischhaltefolie wickeln und 1 Stunde zugedeckt kalt stellen.

Mandeln mit kochendem Wasser übergießen und ca. 4 Minuten ziehen lassen. Die Kerne aus der Schale drücken. Kirschen mit je 1 Mandel füllen, beiseitelegen.

Backofen auf 200 °C (Umluft 180 °C) vorheizen. Den Teig zwischen 2 Lagen Backpapier ca. 1/2 cm dick ausrollen und Kreise von je 5 cm Ø ausstechen. In die Mitte des Kreises 1 Kirsche setzen. Den Teig von 4 Seiten an die Kirsche drücken und die Ecken fest zusammendrücken, sodass die Päckchen beim Backen nicht auseinanderklappen können.

Backblech mit Backpapier auslegen, Amarenapäckchen darauf verteilen und im vorgeheizten Backofen auf der 2. Schiene von unten 12 bis 15 Minuten backen. Die Kekse auf Gittern abkühlen lassen. Sie halten sich in Blechdosen zwischen Pergamentpapier kühl und trocken aufbewahrt ca. 4 Wochen.

Feigenschnitten
mit Orangeat

Für die Füllung von den Feigen die Stiele entfernen. Mit Rosinen, Orangeat, Mandeln und zerbröckelter Schokolade im Blitzhacker zu einer klumpigen Masse zerkleinern. Gewürze unterrühren. Kalt stellen. Für den Teig Mehl, Backpulver und Zucker mischen, Butterflöckchen, Ei und 1 Eigelb zugeben, krümelig verkneten, dann geschmeidig verkneten. Teig in Folie gewickelt 30 Minuten kalt stellen.

Backofen auf 180 °C (Umluft 160 °C) vorheizen. Auf der leicht bemehlten Arbeitsfläche oder zwischen 2 aufgeschnittenen Gefrierbeuteln die Hälfte des Teiges (Rest kalt stellen) zu einem Rechteck von 8 x 30 cm und 3 mm Dicke ausrollen. Hälfte der Füllung (Rest kühlen) zu einer Rolle von 30 cm Länge und 2 cm Durchmesser formen. Die Rolle längs so auf das Teigstück legen, dass noch jeweils 2 cm Rand überstehen. Restliches Eigelb und Milch verrühren, Teigränder damit bestreichen.

Teig von der langen Seite über der Füllung aufrollen. Rolle schräg in 2,5 cm dicke Scheiben schneiden, mit der Gabel ein Rillenmuster in die Plätzchen drücken und diese mit Eiermilch bestreichen. Die Schnitten auf ein mit Backpapier ausgelegtes Backblech setzen und ca. 20 Minuten goldgelb backen. Mit dem restlichen Teig und der Füllung ebenso verfahren.

Für ca. 60 Stück

300 g getrocknete Softfeigen
100 g Rosinen
40 g Orangeat
50 g Mandeln (gehackt)
60 g Zartbitterschokolade
je 1/2 Tl Zimt und Gewürznelken (gemahlen)
250 g Mehl
1 Tl Backpulver
125 g Zucker
100 g Butter
1 Ei
2 Eigelb
1 El Milch
Mehl für die Arbeitsfläche

Zubereitungszeit: ca. 50 Minuten
(plus Kühl- und Backzeit)
Pro Stück ca. 70 kcal/294 kJ

Ingwer-Gelee-Würfel
mit Kumquats

Für ca. 85 Stück

300 g frische Ingwerwurzel

500 g Zucker

1 Limette

12 frische Kumquats
(Mini-Orangen, ca. 140 g)

2 Beutel Gelierpulver
(Gelfix Super 3:1, à 25 g)

Zubereitungszeit: ca. 20 Minuten
(plus Koch- und Kühlzeit)
Pro Stück ca. 27 kcal/113 kJ

Den Ingwer schälen und in dünne Scheiben schneiden. Mit 800 ml Wasser und Zucker aufkochen und bei kleiner Hitze etwa 10 Minuten köcheln lassen. Die Limette auspressen und den Saft dazugießen. Ingwersirup durch ein Sieb gießen und 1 Liter abmessen.

Die Kumquats gut abspülen, trocken tupfen und in Scheiben schneiden. Ingwersirup und Gelierpulver mit einem Schneebesen verrühren und unter Rühren 3 Minuten kochen lassen. Nach 2 Minuten die Kumquatscheiben dazugeben und weiterkochen.

Gelee und Fruchtscheiben in eine flache eckige Form (20 x 27,5 cm) gießen, sodass die Flüssigkeit etwa 1,5 cm hoch darin steht. Kumquatscheiben mit einem Holzspieß etwas in der Flüssigkeit verteilen, sodass später jeder Geleewürfel 1 Fruchtscheibe enthält.

Über Nacht kalt stellen. Das Gelee in etwa 2,5 cm große Würfel schneiden. Luftdicht verpackt halten sich die Würfel im Kühlschrank etwa 1 Woche.

Geleeherzen
mit Marzipan

Für ca. 50 Stück
250 g Mehl
50 g Mandeln (abgezogen, gemahlen)
1/2 Tl Backpulver
150 g weiche Butter
180 g Zucker
300 g Marzipanrohmasse
2 Eier
100 g Apfelgelee
100 g Johannisbeergelee
Mehl für die Arbeitsfläche

Zubereitungszeit: ca. 1 Stunde (plus Kühl- und Backzeit)
Pro Stück ca. 104 kcal/436 kJ

Mehl, Mandeln und Backpulver in einer Rührschüssel miteinander vermischen. Butter in Stücken, 130 g Zucker, 50 g Marzipan zerbröselt und 1 Ei dazugeben und alles rasch zu einem Teig verkneten. Den Teig etwa 1 Stunde kühl stellen. Inzwischen die restliche Marzipanrohmasse mit dem restlichen Zucker und Ei verkneten und in einen Spritzbeutel mit dünner Sterntülle füllen.

Den Backofen auf 180 °C (Umluft 160 °C) vorheizen. Den Mürbeteig portionsweise etwa 1/2 cm dick auf einer bemehlten Arbeitsfläche ausrollen. Herzen ausstechen und auf ein mit Backpapier ausgelegtes Backblech setzen. Die Marzipanmasse an den Rand der Herzen spritzen. Die Plätzchen auf mittlerer Schiene etwa 12 Minuten backen.

Die Herzen auskühlen lassen. Die Gelees getrennt erwärmen und die Mitte der Herzen mit Apfelgelee oder Johannisbeergelee bestreichen.

Erdnusscookies
mit Erdnussbutter

Für ca. 25 Stück
200 g weiche Butter
200 g Zucker
1 Ei
200 g Erdnussbutter
200 g Mehl
1 Tl Natron
1/2 Tl Salz
100 g ungesalzene Erdnüsse (gehackt)

Zubereitungszeit: ca. 20 Minuten (plus Backzeit)
Pro Stück ca. 191 kcal/802 kJ

Die Butter in einer Rührschüssel cremig rühren. Unter ständigem Rühren den Zucker einrieseln lassen. Das Ei und die Erdnussbutter dazugeben und unterrühren. Das Mehl in eine Schüssel sieben. Natron und Salz dazugeben. Die Mehlmischung nach und nach zum Teig geben und das Ganze zu einem glatten Teig verrühren. Zum Schluss die gehackten Erdnüsse unter den Teig rühren.

Den Backofen auf 180 °C (Umluft 160 °C) vorheizen. Ein Backblech mit Backpapier auslegen. Aus dem Teig etwa 4 cm große Bällchen formen und diese mit etwa 8 cm Abstand auf das Blech geben. Die Kekse auf der mittleren Schiene in etwa 15 Minuten goldbraun backen. Die Cookies auf dem Blech abkühlen lassen.

Kokoswürfel
mit Vollmilchkuvertüre

Für ca. 20 Stück

100 g weiche Butter
3 Eier
100 g Zucker
1 P. Vanillezucker
1 Prise Salz
450 g Mehl
1 P. Backpulver
125 ml Milch
150 g Vollmilchkuvertüre
500 ml Milch
150 g Zucker
200 g Butter
7 El Rum
300 g Kokosraspel zum Wälzen

Zubereitungszeit: ca. 1 Stunde
(plus Backzeit)
Pro Stück ca. 109 kcal/457 kJ

Butter, Eier, Zucker, Vanillezucker und Salz in eine Schüssel geben und schaumig rühren. Das Mehl sieben und mit dem Backpulver mischen. Abwechselnd mit der Milch unter den Teig rühren.

Den Backofen auf 200 °C (Umluft 180 °C) vorheizen. Den Teig auf einem mit Backpapier ausgelegten Backblech gleichmäßig verteilen. Auf der mittleren Schiene etwa 25 Minuten backen und dann auskühlen lassen.

Die Kuvertüre grob hacken. Zusammen mit der Milch, dem Zucker, der Butter und dem Rum in einem Topf unter Rühren einmal aufkochen, dann abkühlen lassen. Die Kuchenplatte in 3 x 3 cm große Würfel schneiden.

Die Kokosraspel in einen tiefen Teller füllen. Die Würfel einzeln auf eine Gabel pieksen, in die Schokoladensauce tauchen und etwas abtropfen lassen. Die Würfel in den Kokosraspeln wälzen und zum Trocknen auf ein Kuchengitter legen.

Cappuccinokipferle
mit weißer Kuvertüre

Für ca. 50 Stück
20 g Instant-Cappuccinopulver
300 g Mehl
50 g Haselnüsse (gemahlen)
50 g Mandeln (gemahlen)
100 g Zucker
200 g Butter
50 g Zartbitterkuvertüre
50 g weiße Kuvertüre
Mehl für die Arbeitsfläche

Zubereitungszeit: ca. 50 Minuten
(plus Kühl- und Backzeit)
Pro Stück ca. 80 kcal/336 kJ

Das Cappuccinopulver in 50 ml heißem Wasser auflösen und erkalten lassen. Das Mehl sieben, mit den Haselnüssen, Mandeln und Zucker mischen. Die Butter in Stücke schneiden und hinzufügen und alles zu einem festen Teig verkneten. Zum Schluss den erkalteten Cappuccino unterkneten. Das Ganze etwa 1 Stunde kühl stellen.

Den Backofen auf 180 °C (Umluft 160 °C) vorheizen. Ein Backblech mit Backpapier auslegen. Den Teig portionieren. Jedes Stück zu einem fingerdicken Strang ausrollen. Jeden Strang in 5 cm lange Stücke schneiden und diese zu Kipferln formen. Im Abstand von 3 cm auf das Blech legen. Die Plätzchen auf der mittleren Schiene etwa 15 Minuten backen.

Die Kipferle auf einem Kuchengitter auskühlen lassen. Die beiden Kuvertüren getrennt voneinander im Wasserbad schmelzen und jeweils in einen Gefrierbeutel geben. Eine Ecke vom Beutel schneiden und die Kipferle mit weißer und dunkler Kuvertüre verzieren.

Amarenaplätzchen
mit Kirschwasser

Für ca. 100 Stück

250 g Crème fraîche
100 g Puderzucker
1 El Kirschwasser
1 Tl abgeriebene Schale von 1 unbehandelten Zitrone
1 Prise Salz
300 g Mehl
1 Glas Amarenakirschen (Abtropfgewicht 360 g)
2 Eigelb zum Bestreichen
Hagelzucker zum Bestreuen
Mehl für die Arbeitsfläche

Zubereitungszeit: ca. 30 Minuten
(plus Kühl-, Ruhe- und Backzeit)
Pro Stück ca. 28 kcal/118 kJ

Crème fraîche und Puderzucker verrühren, Kirschwasser, Zitronenschale und Salz unterrühren. Dann das gesiebte Mehl unterheben. Den Teig über Nacht kühl stellen.

Backofen auf 175 °C (Umluft 155 °C) vorheizen. Den Teig auf der bemehlten Arbeitsfläche 1/2 cm dick ausrollen. Abgedeckt etwa 10 Minuten ruhen lassen.

Die Amarenakirschen abtropfen lassen. Runde Plätzchen (4 cm Ø) ausstechen und mit verrührtem Eigelb bestreichen. Kirschen halbieren und auf die Plätzchen setzen. Mit Hagelzucker bestreuen. Im vorgeheizten Backofen auf der mittleren Einschubleiste 15 bis 20 Minuten backen.

Tipp:
Wie bei allen Plätzchen mit Alkohol können die Prozente problemlos durch alkoholfreie Flüssigkeit ersetzt werden, wenn Kinder mitessen. In diesem Fall können Sie das Kirschwasser einfach durch Zuckersirup ersetzen.

Churros
aus Spanien

Für ca. 40 Stück
60 g Butter
100 g Mehl
3 Eier
1/4 Tl Zimt
Öl zum Frittieren
Puderzucker und
2 P. Vanillezucker zum Bestäuben

Zubereitungszeit: ca. 1 Stunde
(plus Abkühlzeit)
Pro Stück ca. 40 kcal/168 kJ

Die Butter mit 175 ml Wasser erhitzen. Wenn die Butter geschmolzen ist und das Ganze kurz vor dem Kochen ist, den Topf von der Herdplatte nehmen und das Mehl unter kräftigem Rühren hinzufügen. So lange rühren, bis ein Teigkloß entsteht und dann den Topf erneut für etwa 30 Sekunden auf den Herd stellen und weiterrühren.

Den Teigkloß etwas abkühlen lassen und nacheinander die Eier mit dem Zimt einrühren, bis ein weicher glänzender Teig entsteht.

Das Öl in einer Fritteuse oder einer tiefen Pfanne auf 180 °C erhitzen. Den Teig in einen Spritzbeutel mit glatter Tülle (1/2 bis 1 cm Ø) füllen und immer 3 bis 4 Portionen in Form von Ringen, Spiralen oder Hufeisen auf ein Backpapier spritzen und diese ins heiße Fett geben.

Die Churros unter Wenden frittieren, bis sie goldbraun sind. Auf Küchenpapier abtropfen und warm stellen. Mit dem restlichen Teig genauso verfahren und zum Schluss die Churros dick mit einer Mischung aus Puderzucker und Vanillezucker bestäuben und heiß servieren.

Macadamiacookies
mit braunem Zucker

Für ca. 25 Stück
150 g weiche Butter
200 g brauner Zucker
1 P. Vanillezucker
1 Ei
250 g Mehl
1/2 Tl Natron
1/2 Tl Salz
150 g Macadamianüsse
150 g weiße Schokolade

Zubereitungszeit: ca. 20 Minuten
(plus Backzeit)
Pro Stück ca. 187 kcal/785 kJ

Die Butter in einer Rührschüssel cremig rühren. Unter ständigem Rühren den Zucker und Vanillezucker einrieseln lassen. Das Ei dazugeben und unterrühren.

Das Mehl in eine Schüssel sieben. Natron und Salz dazugeben. Die Macadamianüsse und die Schokolade grob hacken. Die Mehlmischung nach und nach zum Teig geben und das Ganze zu einem glatten Teig verrühren. Zum Schluss die gehackten Nüsse und die Schokolade unter den Teig rühren.

Den Backofen auf 180 °C (Umluft 160 °C) vorheizen. Ein Backblech mit Backpapier auslegen. Aus dem Teig etwa 4 cm große Bällchen formen und diese mit etwa 8 cm Abstand auf das Blech geben. Die Kekse auf der mittleren Schiene in etwa 15 Minuten goldbraun backen. Die Cookies auf dem Blech abkühlen lassen.

Orientalische Halbmonde

mit Muskatblüte

Für ca. 100 Stück

500 g Mehl
1 Tl Backpulver
250 g Puderzucker
1 Msp. Salz
1 Msp. Zimt
1/2 Tl Kardamom (gemahlen)
1 Msp. Muskatblüte (gemahlen)
1 Msp. Gewürznelke (gemahlen)
2 Eier
250 g Butter
200 g Mandeln (gehackt)
200 g weiße Kuvertüre
Mehl für die Arbeitsfläche

Zubereitungszeit: ca. 1 Stunde
(plus Kühl- und Backzeit)
Pro Stück ca. 68 kcal/285 kJ

Das Mehl mit dem Backpulver in eine Rührschüssel sieben. Gesiebten Puderzucker, Salz, Zimt, Kardamom, Muskatblüte, Nelken und Eier dazugeben. Die Butter in Stücke schneiden und mit den Mandeln hinzufügen.

Die Zutaten mit den Knethaken eines Handrührgeräts verkneten. Auf einer bemehlten Arbeitsfläche zu einem glatten Teig verarbeiten. Den Teig 30 Minuten kalt stellen.

Den Backofen auf 180 °C (Umluft 160 °C) vorheizen. Den Teig etwa 1/2 cm dick ausrollen, Halbmonde ausstechen und auf mit Backpapier ausgelegte Backbleche setzen. Auf der mittleren Schiene etwa 10 Minuten backen. Abkühlen lassen.

Für den Guss die Kuvertüre grob hacken, im warmen Wasserbad schmelzen und die Halbmonde mit den Enden hineintauchen.

Smartiescookies
mit Zimt

Für ca. 30 Stück
300 g Zucker
2 El Zuckerrübensirup
200 g weiche Butter
2 Eier
400 g Mehl
1 Tl Natron
1/2 Tl Salz
1 Tl Zimt
250 g Smarties

Zubereitungszeit: ca. 20 Minuten
(plus Backzeit)
Pro Stück ca. 174 kcal/730 kJ

Den Zucker und den Zuckerrübensirup in einer Rührschüssel mit dem Handrührgerät so lange vermischen, bis keine Klümpchen mehr vorhanden sind. Die Butter unterrühren. Die Eier hinzufügen und alles gut verrühren.

Den Backofen auf 180 °C (Umluft 160 °C) vorheizen. Mehl, Natron, Salz und Zimt mischen und mit dem Schneebesen unter die anderen Zutaten rühren. Die Smarties zum Teig geben und kurz untermischen.

Das Backblech mit Backpapier auslegen. Den Teig mit einem Esslöffel portionsweise abstechen, zu Kugeln formen und mit einem Abstand von 8 cm auf das Blech geben. Die Cookies im Backofen etwa 15 Minuten backen, bis die Ränder hellbraun sind. Die Cookies auf dem Blech abkühlen lassen.

Florentiner
mit Zitronat

Für ca. 40 Stück
50 g Butter
150 g Zucker
125 ml Sahne
50 g Belegkirschen
50 g Zitronat
200 g Mandeln (gehobelt)
3 El Mandeln (gemahlen)
100 g Zartbitterkuvertüre

Zubereitungszeit: ca. 40 Minuten
(plus Backzeit)
Pro Stück ca. 81 kcal/340 kJ

Die Butter mit dem Zucker in einem Topf so lange erhitzen, bis die Masse leicht gebräunt ist. Die Sahne hinzufügen und rühren, bis sich der Zucker aufgelöst hat. Die Belegkirschen in kleine Würfel schneiden. Das Zitronat besonders fein hacken. Beides mit den Mandeln zur Butter-Zucker-Masse geben. So lange kochen lassen, bis die Masse gebunden ist.

Den Backofen auf 180 °C (Umluft 160 °C) vorheizen. Ein Backblech mit Backpapier auslegen. Mit 2 Teelöffeln Mandelhäufchen mit großem Abstand daraufsetzen. Die Plätzchen auf mittlerer Schiene etwa 15 Minuten backen und auskühlen lassen.

Kuvertüre grob hacken und im warmen Wasserbad schmelzen. Die Unterseite der Florentiner mit Kuvertüre bestreichen, auf Pergamentpapier setzen und trocknen lassen.

Orangenkekse
mit Pinienkernen

Für ca. 45 Stück
Saft von 1 Orange
160 g Zucker
200 g weiche Butter
250 g Mehl
60 g Pinienkerne (gehackt)
1 Tl Zimt
Puderzucker zum Bestäuben

Zubereitungszeit: ca. 1 Stunde
(plus Auskühl- und Backzeit)
Pro Stück ca. 61 kcal/256 kJ

Den Orangensaft mit 60 g Zucker zu einem Sirup einkochen lassen. Anschließend abkühlen lassen.

Die Butter mit dem restlichen Zucker schaumig schlagen. 2 El von dem hergestellten Orangensirup darunterrühren. Das Mehl sieben und unterarbeiten. Alles zu einem glatten Teig verkneten.

Für die Füllung Pinienkerne mit dem Zimt und dem restlichen Orangensirup vermischen. Jeweils 1 gehäuften Teelöffel Teig zu einer Kugel rollen und mit dem Daumen in die Mitte eine Mulde drücken und etwa 1 Teelöffel von der Füllung hineingeben.

Den Backofen auf 180 °C (Umluft 160 °C) vorheizen. Die Plätzchen auf ein mit Backpapier belegtes Backblech setzen und etwas flach drücken. Auf mittlerer Schiene etwa 15 Minuten backen.

Die Plätzchen auf einem Kuchengitter auskühlen lassen und mit Puderzucker bestäuben.

Kirschhappen
mit Ingwer

Den kandierten Ingwer sehr fein hacken. Stärke und Mehl in eine Schüssel sieben. Ei, Zucker und Butter in Stücke geschnitten dazugeben. Gehackten und gemahlenen Ingwer hinzufügen und alles zu einem glatten Teig verkneten. Den Teig etwa 30 Minuten kalt stellen.

Den Backofen auf 180 °C (Umluft 160 °C) vorheizen. Aus dem Teig mit leicht bemehlten Händen walnussgroße Kugeln formen und auf ein mit Backpapier ausgelegtes Backblech legen. In die Mitte der Kugeln mit einem bemehlten Kochlöffelstiel jeweils eine Vertiefung drücken.

Die Plätzchen auf mittlerer Schiene etwa 12 Minuten backen und dann auf einem Kuchengitter auskühlen lassen. Die Kirschmarmelade leicht erwärmen und mit einem Teelöffel in die Vertiefung füllen. Zum Schluss die Plätzchen mit Puderzucker bestäuben.

Für ca. 50 Stück
50 g kandierter Ingwer
100 g Speisestärke
200 g Mehl
1 Ei
100 g Zucker
200 g Butter
1 Msp. Ingwer (gemahlen)
50 g Kirschmarmelade
etwas Puderzucker zum Bestäuben

Zubereitungszeit: ca. 30 Minuten
(plus Kühl- und Backzeit)
Pro Stück ca. 38 kcal/159 kJ

Haferflockencookies
mit Rosinen

Das Mehl in eine Schüssel sieben. Natron, Zimt und Salz dazugeben und alles miteinander vermischen. Die Butter in einer großen Schüssel cremig rühren. Unter ständigem Rühren den Zucker und Vanillezucker einrieseln lassen und den Zuckerrübensirup dazugeben. Nacheinander die Eier dazugeben, sie dabei jeweils einzeln gut unterrühren. Die Mehlmischung nach und nach zum Teig geben und das Ganze zu einem glatten Teig verrühren. Die Haferflocken, die Rosinen und den Orangensaft zum Teig geben und mit einem großen Löffel vorsichtig unterrühren.

Den Backofen auf 180 °C (Umluft 160 °C) vorheizen. Ein Backblech mit Backpapier auslegen. Aus dem Teig etwa 4 cm große Bällchen formen und diese mit etwa 8 cm Abstand auf das Blech legen. Die Kekse auf der mittleren Schiene in etwa 12 Minuten goldbraun backen. Die Cookies auf dem Blech abkühlen lassen.

Für ca. 45 Stück
300 g Mehl
1 Tl Natron
1 Tl Zimt
1 Tl Salz
250 g weiche Butter
300 g Zucker
1 P. Vanillezucker
3 El Zuckerrübensirup
2 Eier
300 g zarte Haferflocken
160 g ungeschwefelte Rosinen
2 El Orangensaft

Zubereitungszeit: ca. 20 Minuten
(plus Backzeit)
Pro Stück ca. 135 kcal/567 kJ

Cantuccini
aus Italien

Für ca. 40 Stück
100 g Mandeln
250 g Mehl
1 Tl Backpulver
150 g Zucker
1 P. Vanillezucker
1 Tl abgeriebene Schale von 1 unbehandelten Zitrone
1 Prise Salz
2 Eier
100 g Butter
Mehl für die Arbeitsfläche

Zubereitungszeit: ca. 40 Minuten (plus Backzeit)
Pro Stück ca. 74 kcal/310 kJ

Mandeln in eine Schüssel geben, mit kochendem Wasser überbrühen und enthäuten.

Das Mehl mit dem Backpulver in eine Rührschüssel sieben. Zucker, Vanillezucker, Zitronenschale, Salz und Eier dazugeben. Die Butter in Stücke schneiden und zusammen mit den Mandeln hinzufügen. Die Zutaten zu einem glatten Teig verkneten.

Den Backofen auf 180 °C (Umluft 160 °C) vorheizen. Aus dem Teig 4 cm dicke Rollen formen, dabei etwas flach drücken. Die Teigrollen auf ein mit Backpapier ausgelegtes Backblech legen. Auf der mittleren Schiene etwa 15 Minuten backen.

Die Stangen etwas abkühlen lassen und in etwa 1 cm dicke Scheiben schneiden. Die Mandelkekse nochmals auf das Backblech legen und weitere 10 Minuten backen.

Bananencookies
mit Walnüssen

Für ca. 25 Stück
1 reife Banane
150 g weiche Butter
150 g brauner Zucker
1 P. Vanillezucker
1 Ei
200 g Mehl
1/2 Tl Natron
1/2 Tl Salz
200 g Zartbitterschokolade
50 g Walnüsse (gehackt)

Zubereitungszeit: ca. 20 Minuten (plus Backzeit)
Pro Stück ca. 156 kcal/655 kJ

Die Banane schälen und mit einer Gabel zerdrücken. Die Butter in einer Rührschüssel cremig rühren. Unter ständigem Rühren den Zucker und Vanillezucker einrieseln lassen. Das Ei und die Banane dazugeben und unterrühren.

Das Mehl in eine Schüssel sieben. Natron und Salz dazugeben. Die Schokolade grob hacken. Die Mehlmischung nach und nach zum Teig geben und das Ganze zu einem glatten Teig verrühren. Zum Schluss die gehackten Nüsse und die Schokolade unter den Teig rühren.

Den Backofen auf 180 °C (Umluft 160 °C) vorheizen. Ein Backblech mit Backpapier auslegen. Aus dem Teig etwa 4 cm große Bällchen formen und diese mit etwa 8 cm Abstand auf das Blech geben. Die Kekse auf der mittleren Schiene in etwa 15 Minuten goldbraun backen. Die Cookies auf dem Blech abkühlen lassen.

Rezeptverzeichnis